O Médico de
DEUS

Querido leitor, é com muita satisfação que divido com você essa linda psicografia, desejo que ela enriqueça seus conhecimentos e transforme sua vida. Desejo ainda, luz, paz, amor e muita felicidade em sua vida!

CB052226

O Médico de DEUS

OSMAR BARBOSA

PELO ESPÍRITO DE NINA BRESTONINI

O Médico de
DEUS

Book Espírita Editora

4ª Edição

| Rio de Janeiro | 2020 |

OSMAR
BARBOSA

PELO ESPÍRITO DE NINA BRESTONINI

BOOK ESPÍRITA EDITORA

ISBN: 978-85-92620-26-4

Capa
Marco Mancen

Projeto Gráfico e Diagramação
Marco Mancen Design Studio

Revisão
Anna Julia Paixão
Mauro Nogueira

Marketing e Comercial
Michelle Santos

Pedidos de Livros e Contato Editorial
comercial@bookespirita.com.br

Copyright © 2020 by
BOOK ESPÍRITA EDITORA
Região Oceânica, Niterói, Rio de Janeiro.

4ª edição
Prefixo Editorial: 92620
Impresso no Brasil

Outros livros psicografados por Osmar Barbosa

Cinco Dias no Umbral
Gitano – As Vidas do Cigano Rodrigo
O Guardião da Luz
Orai & Vigiai
Colônia Espiritual Amor e Caridade
Ondas da Vida
Antes que a Morte nos Separe
Além do Ser – A História de um Suicida
A Batalha dos Iluminados
Joana D'Arc – O Amor Venceu
Eu Sou Exu
500 Almas
Cinco Dias no Umbral – O Resgate
Entre nossas Vidas
O Amanhã nos Pertence
O Lado Azul da Vida
Mãe, Voltei!
Depois...
O Lado Oculto da Vida
Entrevista com Espíritos – Os Bastidores do Centro Espírita
Colônia Espiritual Amor e Caridade - Dias de Luz
O Médico de Deus
Amigo Fiel
Impuros - A legião de Exus
Autismo - A escolha de Nicolas
Parafraseando Chico Xavier
Cinco Dias no Umbral - O perdão
Vinde a Mim

Agradecimento

Agradeço primeiramente a Deus por ter me concedido esse dom, esse verdadeiro privilégio, de servir humildemente como um mero instrumento dos planos superiores.

Agradeço a Jesus Cristo, espírito modelo, por guiar, conduzir e inspirar meus passos nessa desafiadora jornada terrena.

Agradeço a Nina Brestonini e aos demais espíritos envolvidos nessa psicografia pela oportunidade e por permitir que essas humildes palavras, registradas neste livro, ajudem às pessoas a refletirem sobre suas atitudes, evoluindo.

Agradeço ainda a minha família, pela cumplicidade, compreensão e dedicação. Sem vocês ao meu lado, me dando todo tipo de suporte, nada disso seria possível.

E agradeço a você, leitor, que comprou este livro e com a sua colaboração nos ajudará a conseguir levar a Doutrina Espírita, e todos os seus benefícios e ensinamentos, para mais e mais pessoas.

Obrigado.

A todos, os meus mais sinceros agradecimentos.

Osmar Barbosa

Recomendamos a leitura de outras obras psicografadas por Osmar Barbosa para melhor familiarização com os personagens deste livro.

O Editor

Conheça um pouco mais de Osmar Barbosa:

www.osmarbarbosa.com.br

"A missão do médium é o livro.
O livro é chuva que fertiliza lavouras imensas,
alcançando milhões de almas."

Emmanuel

Sumário

"Caríssimos, não acrediteis em todos os Espíritos, mas provai se os Espíritos são de Deus, porque são muitos os falsos profetas, que se levantaram no mundo."

(João, Epístola I, cap. IV: 1)

"Deus me permitiu escrever livros...
Deus me permitiu encarnar e escrever livros...
Deus me permitiu encarnar e escrever livros, eu tenho
tudo o que necessito para ser feliz..."

Osmar Barbosa

Prefácio

Nós seres espirituais eternos estamos estacionados temporariamente em planetas de provas e expiação, espalhados neste imenso Universo de luz, ou nos Multiuniversos, como nos relatam os espíritos mais evoluídos. Sim, porque há milhares de planetas em múltiplos Universos e em milhares de Galáxias, eu posso lhes assegurar isso!

Alguns espíritos já ascenderam a planetas superiores e planos ainda maiores, após longos períodos de expiação e provas aqui na terra ou nos demais planetas onde há vida corpórea, assim como nós estamos fazendo agora, neste exato momento. Outros estão em melhores condições e habitam planetas e planos ainda mais perfeitos, como nos ensina Allan Kardec.

Muitos são os espíritos que perderam a oportunidade de encarnar e, através das provas aqui no orbe terreno, ascender a planos superiores. Muitos mesmo...

Quando chegamos aqui, vindos de Capela e de outros planetas, chegamos endurecidos por velhos costumes, velhos hábitos, velhas manias que foram o suficiente para nos exilar dos planetas em que vivíamos e se transformaram. Na verdade, os primeiros espíritos que chegaram aqui foram expulsos do planeta Capela, que fica ali, bem pertinho da Terra, exatamente na constelação do Costeiro. Todos os espíritos que vieram para cá, vieram com o propósito de evoluir, já que havíamos desperdiçado oportunidades anteriores. Mas infelizmente (ou felizmente) milhões de espíritos não compreenderam, e não compreendem ainda, que esta é uma oportunidade, talvez a última para alguns, ou mais uma para outros, mas o que definitivamente temos que entender é que oportunidades não são para se jogar fora. Ainda mais quando se trata da evolução espiritual, o único objetivo da criação e meta de todos os espíritos.

Uma das características que mais atrapalham a nossa evolução espiritual é sem dúvida o caráter dos espíritos que estão experimentando no planeta Terra neste momento. A falta de caráter nos mantêm estacionados dentro desse processo evolutivo. As nossas escolhas são sem dúvida o que definem o nosso caráter ou a falta dele. O aprimoramento moral é o maior dos objetivos das encarnações sucessivas, além de, é claro, aprendermos o significado do amor.

Quando escolhemos viver ao lado de pessoas que não se predispõem a evoluir, estamos deixando passar aquilo que é o mais importante para o espírito: a nossa evolução. E ela é pessoal e intransferível.

Mas o que fazer das nossas escolhas? Somos nós os responsáveis por todas as escolhas? Os espíritos interferem nas nossas escolhas? O que eu devo fazer para escolher as coisas certas para a minha vida? E o livre arbítrio, como usá-lo neste momento? Por que fazemos tantas escolhas erradas? O que é errado? O que é certo dentro dessa analogia? Escolhemos usar drogas. Escolhemos beber, nos embriagar em viciar no álcool. Escolhemos fumar, destruindo a nossa saúde. Escolhemos a materialidade como razão de viver, colocamos o bem material como sendo a única razão e objetivo de nossa curta existência.

Perdemos o amor próprio. Escolhemos a vida criminosa. Escolhemos a promiscuidade. As escolhas...

São elas que definem quem somos. Nossas companhias definem como vivemos. E como viveremos na erraticidade. Como então escolher a melhor companhia para nos ajudar a evoluir?

Aristóteles afirma:

"(...) é a partir das escolhas deliberadas de alguém que julgamos o seu caráter, isto é, julgamos o caráter de alguém a partir daquilo em vista do que ele age e não a partir da

sua ação (...). E é observando as escolhas que os homens fazem, antes que seus atos, que nós os louvamos ou censuramos."

Aristóteles afirma ainda que julgamos o caráter de alguém a partir do motivo pelo qual ele age e não pela ação: *"Não é a ação em si que mostra o caráter do agente. Uma ação pode parecer externamente como virtuosa, mas pode ter sido executada visando interesses pessoais e não a virtuosidade."*

Esta mesma posição vemos onde Aristóteles diz que *"o homem que não se regozija com as ações nobres não é sequer bom; e ninguém chamaria de justo o que não se compraz em agir com justiça."*

Podemos observar a partir dos pensamentos desse sábio instrutor que o caráter não pode ser julgado pelas ações, pois é necessário que saibamos os motivos que levaram o agente a executar tal ação. Uma ação virtuosa além de ser boa e nobre deve ser aprazível para quem a executa. Para julgar o caráter de uma pessoa, devemos saber por que ela escolheu agir assim. É o caráter que determina a escolha. Se a pessoa escolheu fazer um bem a alguém, não por sentir prazer em fazer o bem, mas porque espera, por exemplo, uma compensação financeira como recompensa, não está tendo um caráter virtuoso.

Da mesma forma, atos praticados por medo de punição não são virtuosos mesmo que praticados de acordo com a virtude; não basta a ação virtuosa, é necessário ter um caráter virtuoso. É o caráter virtuoso aliado à ação virtuosa que torna uma pessoa virtuosa. Virtudes são muito difíceis de conseguir. Ser um espírito virtuoso é muito difícil. Muitos de nós só encontramos a virtude necessária à nossa evolução após longos períodos de sofrimento, provas e expiações. Após várias encarnações. Por isso, a reencarnação é o instrumento da justiça de Deus. Imagine se conseguiríamos isso tudo em uma só encarnação.

Caráter então nem se fala...

Neste livro você vai poder observar como o caráter é importante quando chegamos à vida espiritual. Aquilo que fazemos, desejamos, aquilo que sentimos, o que praticamos, semeamos, tudo o que você fez de certo ou errado define o seu caráter aqui, e é o que vai definir a forma em que você será recebido na vida eterna. É o caráter que vai definir onde você vai chegar ou até mesmo onde você vai viver quando deixar o seu corpo físico, infinita ou provisoriamente.

É experimentando as vidas que todos os espíritos se tornaram perfeitos. Você pode achar que isso é impossível, mas podemos observar nas linhas deste livro que tudo é possível quando desejamos sinceramente. Você vai conhecer uma história que certamente irá mudar a sua visão em relação à vida e como ela deve ser. Você vai poder acompanhar como o amor de Deus por seus filhos se processa nas esferas mais densas da espiritualidade. O que seria de nós se não existissem esses médicos de Deus espalhados por todas as Colônias e por todos os lugares? Como pode um médico recém desencarnado me ajudar a vencer meus medos após deixar o meu corpo físico? O que seria dos assassinos, dos maníacos, dos suicidas, dos psicopatas quando deixassem a vida física se não existissem esses médicos de Deus? Será que há misericórdia divina nas regiões de sofrimento? Para onde vão os que fazem tanto mal a humanidade jogando fora as oportunidades evolutivas? Será que podemos escolher onde trabalhar no mundo espiritual e o que fazer para reparar os nossos erros quando deixamos a vida terrena? Quem são esses médicos do mundo espiritual? Onde eles vivem? O que ele fazem? Com quem eles se relacionam? Como eles agem para se redimir de suas faltas? Como são os tratamentos que eles aplicam na vida espiritual? Quais são as suas aparências? Quem são os Médicos de Deus? Será o nome que tenho que influenciará no meu destino? Existem falanges de espíritos do bem nos auxiliando após a vida terrena? Como se organizam? Onde vivem? Quem as lidera? Posso fazer parte dessas falanges?

O que é uma falange espiritual? Médicos, enfermeiros, técnicos de enfermagem, operários do amor, espíritos do bem, podem se juntar como falanges para ajudar outros espíritos em sofrimento?

Você é o meu convidado...

Bem vindos a conhecer neste livro, O *Médico de Deus*.

Boa leitura.

Osmar Barbosa

"A medicina do homem haverá de reconhecer a medicina dos espíritos."

Osmar Barbosa

A Faculdade

Faculdade de medicina de São Paulo.

Hora do intervalo.

Gilberto está sentado em um banco revendo a matéria da aula do dia. Ele tem aproximadamente um metro e setenta de altura, é moreno de cabelos crespos, olhos castanhos, corpo atlético. É muito querido por todos na faculdade. Diverte-se sempre com o mesmo grupo de amigos. Seu melhor amigo é Eduardo, companheiro das festas e de estudo.

– E ai Gil, vamos lá ao barzinho hoje após a aula?

– Cara, não sei se vai dar.

– Por que mano?

– Poxa Edu, estou sem grana cara.

– Mas o bagulho é barato, mano.

– Pois é, e além disso, eu acho que o bagulho já está demais em minha vida.

– Tá ficando careta, mano? Como assim, cara? Tá ficando careta, meu velho?

– Não é questão de estar ficando careta. Estamos estudando medicina, mano, e aqui estamos aprendendo o quanto as drogas fazem mal a saúde.

– Poxa mano, mas nós ainda somos jovens. Deixa pra lá esse pensamento careta.

– É por isso mesmo que não faz sentido sairmos para usar drogas. Maconha eu acho até legal, mas o pó, mano, pó, esse faz muito mal.

– Que nada, mano. As minas gostam, cara.

– Não sei se vou não, Edu.

– Ih, está ficando careta mesmo o mano, olha só.

– Deixa terminar a aula, daí nós conversaremos melhor sobre isso, ok?

– Beleza, vou para a minha sala. Te espero quando terminar a aula. Beleza!

– Beleza!

Assim Gil assiste à aula normalmente e após a aula ele decide ir com o seu amigo Eduardo para um barzinho onde o consumo de drogas é liberado entre os alunos da faculdade de medicina. Há um reservado atrás do salão principal do bar onde os alunos da faculdade costumam se reunir para o consumo de drogas.

Lá pelas dez horas da noite, Gilberto e Eduardo já estão

drogados e abraçados a duas outras meninas que também fazem faculdade com eles, também usuárias de drogas.

Luana está aos beijos com o Eduardo enquanto Gilberto vai até o banheiro onde começa a vomitar. O consumo excessivo das drogas já não lhe faz bem.

Sem perceber, Gilberto está sendo atacado por inimigos espirituais.

– Você não pode ficar tão perto dele, Arruda. Ele é sensitivo e percebe sua presença que faz muito mal a ele.

– Qual foi Jonas, esse mané vai me pagar até o último centavo. Foi por causa dele que eu morri. Agora vem você com esse papo de aliviar a dele.

– Nós só estamos obsediando ele, isso já é o suficiente para ele sofrer bastante, Arruda. Se você continuar a fazer isso com ele, logo ele vai se tornar um zumbi de tanta droga que ele está usando.

– Isso é pouco, eu ainda vou matar esse desgraçado. Toda vez que ele cheira ou fuma eu fumo e cheiro com ele. Isso é bom para mim. Eu quero que ele se dane – diz o espírito cheio de ódio no coração.

– Arruda, você sabe as consequências do que você está fazendo não sabe?

– Que se danem as consequências cara. Eu vou é matar esse desgraçado.

– Cara, depois não diz que eu não avisei. Matar, perseguir e arruinar tem um preço muito alto para se pagar aqui, tu sabes disso.

– Ninguém protege esse mané. Ele não acredita em nada. É um homem sem fé, e isso me facilita as coisas, Jonas.

– Eu sei que ele não acredita em nada, mas ele tem mãe. Ele tem família e se a família resolver pedir por ele você está ferrado.

– Enquanto ninguém pede por ele, enquanto ninguém aparece para me incomodar eu vou me vingando desse desgraçado. O pai dele vai me pagar.

– Eu vou indo, não posso mais ficar aqui, já bebi, já cheirei e fumei, agora eu vou voltar para o meu lugar predileto.

– Pode ir Jonas. Vou ficar mais um pouco por aqui. Vou esperar ele sair do banheiro para fumar mais um cigarrinho de maconha com ele.

– Até mais, Arruda.

– Até mais, Jonas.

Após vomitar, Gilberto volta para a mesa onde os amigos estão bebendo cerveja e fumando maconha.

– E ai Gil, melhorou? – pergunta Luana.

– Melhorei, eu não sei o que acontece comigo, mas essa mistura me faz muito mal.

– Cara, usa só uma coisa. Você quer usar tudo, daí fica passando mal – diz Edu.

– Pois é, cara, não sei o que acontece comigo, por isso foi que te falei que eu preciso dar um tempo com as drogas.

– Que nada mano, usa uma coisa só que isso passa.

– Não sei não Edu, não sei não. – diz Gilberto.

– Conheci um cara que quando usava pó ele vomitava muito. Depois de alguns anos ele passou a usar heroína, aí essas coisas passaram.

– Cara, heroína é pesado demais – diz Gilberto.

– Tenho um primo que arruma para nós – diz Luana.

– Traz para gente, Luana, na semana que vem? – diz Edu animado.

– Vou falar com ele – diz a jovem.

Arruda, o espírito obsessor, fica muito feliz com a conversa, já que ele tem em mente destruir a vida de Gilberto.

Há vários espíritos obsessores naquele lugar aquela noite. Muitos bebem cerveja com as várias pessoas que bebem descontroladamente. Outros fumam maconha com os rapazes e moças que experimentam e usam a droga a vontade. O ambiente espiritual é dos piores que se podem ver. Um verdadeiro Umbral terreno.

Arruda e Jonas são apenas dois dentre uma falange

enorme de espíritos obsessores que frequentam o lugar. Gilberto não se contém no uso de drogas e fica muito mal com o passar das horas. Luana e Eduardo resolvem então levá-lo para casa.

São três horas da madrugada.

Silenciosamente, Eduardo auxilia Gilberto a abrir a porta de sua casa e entrar.

– Não faz barulho não, cara, para a sua mãe não brigar com você – disse Eduardo.

– Pode deixar, a minha mãe não se importa muito comigo. Ela sequer liga para a hora que eu chego e muito menos o estado em que eu chego em casa. Meu pai já era, cara, ele morreu.

Eduardo leva Gilberto para o seu quarto em silêncio.

– Vai cara, deita e dorme, amanhã eu passo aqui para saber de você.

– Pode deixar, mano, eu estou legal – diz Gilberto se despedindo do amigo Edu, entrando no banheiro de sua suíte.

Após deixar o amigo, Eduardo e Luana seguem para as suas casas.

No dia seguinte, logo pela manhã, Gilberto acorda e segue para a cozinha. Sua mãe está lavando uma louça deixada da noite anterior.

– Bom dia Gilberto.

– Bom dia mãe.

– Que horas você chegou ontem?

– Não me lembro, cheguei bem tarde.

– E onde é que você estava?

– No bar com os amigos da faculdade.

– Não vejo a hora de você se formar, essas companhias não lhe fazem bem. Se o seu pai estivesse vivo certamente ele não deixaria você andar com essa gente.

– Mãe, eu já tenho vinte e três anos, não sou mais nenhuma criança.

– Mas parece. Ou você acha que eu não vi o estado em que você chegou ontem? Você estava totalmente bêbado, Gilberto.

– Eu estava só me divertindo mamãe.

– Quando é que começa a sua residência? Médicos não devem dar esse exemplo.

– No mês que vem.

– Tomara que comece logo, assim você não terá mais tempo para essas bebedeiras com seus amigos. Logo que você começar a trabalhar essa mordomia acaba.

– Tá bom, mamãe, tá bom!

– Tá bom mesmo. Hoje você precisa ir comigo à casa da sua irmã, ela está precisando de nós.

– O que houve com a Sônia?

– Parece-me que ela vai perder o bebê de novo.

– Mas como assim?

– O médico dela disse que ela corre o risco de perder o bebê se não fizer repouso total. Ela precisa da sua opinião.

– Mamãe, você sabe muito bem que o Pedro não gosta muito de mim. Não quero ficar dando opinião na vida dela e do marido.

– Pedro, marido da sua irmã, é assim mesmo, ele é uma pessoa difícil, só isso, mas tem um bom coração e acima de tudo é um homem de palavra, ele tem um bom caráter.

– Pois então é melhor a Sônia pedir a opinião de outro médico e não a minha. Afinal eu ainda nem me formei... não me sinto seguro para opinar.

– Gilberto, você vai comigo até a casa da sua irmã ou não vai?

– Não vou, mamãe, não quero me meter na vida de Sônia.

– Você está se tornando um ser desprezível.

– Obrigado, mamãe, obrigado!

– Por que você é assim, Gilberto? Seu pai era um homem tão bom, o melhor médico que eu conheci em minha vida. Seu pai jamais negaria um atendimento a quem quer que fosse, ele estava sempre aberto para ajudar outras pessoas, nós da família então, nem se fala. Todos os seus tios foram atendidos pelo seu pai, que sempre esteve disponível para ajudar aos mais necessitados.

– Meu pai era meu pai mamãe, eu sou eu. Não vou me meter na vida de Sônia. Ainda não sou médico e ponto final.

– Já entendi, Gilberto. Obrigada!

– De nada, mamãe. Agora se você me permite eu vou me arrumar e sair.

– Para onde é que você vai?

– Vou sair por ai, afinal hoje é sábado e não tenho aula.

– Vê se toma juízo, menino.

– Pode deixar, mamãe – diz Gilberto deixando a cozinha e se dirigindo ao seu quarto.

"Onde estiver o seu coração, ali também estará o seu tesouro."

Jesus Cristo

O Umbral

Existem no mundo espiritual cidades ou lugares que são na verdade Colônias Espirituais. Dentre todas as que existem, e são milhares sobre o orbe terreno, existe uma que nenhum espírito se compraz em estar ou até mesmo em conhecer.

Essa cidade ou estação provisória é chamada de Umbral.

É para lá que vão todos os espíritos que ainda não compreenderam a necessidade de evoluir. Fomos criados com o único propósito de evoluir para ascender a planos superiores. Espíritos evoluem sempre. Nenhum espírito retroage. Pode acreditar nisso!

O Umbral é o lugar onde se concentram todas as energias negativas. Ele é escuro, úmido e lamacento. Milhares de espíritos ficam a vagar no Umbral porque não compreendem os motivos que os levaram para lá e muito menos o seu estado espiritual. Se ainda somos incapazes de acreditar que somos eternos, imagina acreditar que o Umbral existe.

No Umbral vivem verdadeiros exércitos de espíritos malfazejos, que se agrupam e se reúnem para exclusivamente praticar o mal. Somos espíritos livres. Estaremos sempre onde estiverem nossos sentimentos, como nos alertou Jesus no versículo acima. Se você é uma pessoa que cultiva boas atitudes, bons sentimentos, e é uma pessoa caridosa, amorosa, gentil, correta, justa, benevolente, certamente você não conhecerá o Umbral. Se seu caráter for bom, posso lhe assegurar que você não passará pelo Umbral.

Mas se a sua vida é levada de uma forma leviana, se você não acredita em nada, se você não se importa com seus semelhantes, se você usa drogas, bebe, fuma, vicia e se deixa viciar, se você é um espírito malfazejo, se você pratica o mal mesmo sem perceber e quando percebe não se arrepende, se você é uma pessoa mentirosa, negativa, sem caráter e sem pudor, prepare-se para conhecer a região que os católicos chamam de inferno. Um lugar muito triste, onde o sol quase não aparece e a chuva é constante e necessária para diluir a carga fluídica negativa que há em todo o lugar, tornando-o num terrível lamaçal.

Há ainda no Umbral organizações de espíritos que por afinidades se agrupam para praticar todo o tipo de maldade. Existem ainda animais peçonhentos, tais como cobras, lagartos, escorpiões, aves, em sua maioria negra, cachorros e lobos que são muito comuns no Umbral.

Há também divisões por vibrações espirituais. Essas divisões são administradas por espíritos reconhecidos dentro dessa vibração e comandam legiões do mal.

Existem ainda cidades separadas administradas por outras espécies de espíritos que já estão há milhares de anos no Umbral. Regiões tais como o Vale dos Suicidas, Cidade dos drogados, Núcleos e Educandários, dentre várias outras Cidades que lá existem. Há no Umbral constantemente festas regadas com muitas drogas e bebidas que pelos espíritos mais sábios que preferem viver assim. Tudo na vida espiritual é fluídico, só espíritos que adquirem certo grau evolutivo reconhecem o que é fluídico e o que é imaginário no Umbral.

Assim, líderes conseguem arrebanhar multidões de espíritos que passam a segui-los para poder usar as drogas e as bebidas feitas por eles após a condensação fluídica.

Existem ainda os postos de socorro. Eles se encontram espalhados pelas regiões mais sombrias do Umbral. Este é um local de ajuda, semelhante a um complexo hospitalar que existe aqui entre nós. Normalmente esses postos de socorro são vinculados a uma Colônia de nível superior. Existem várias Colônias de nível superior que estão devidamente representadas no Umbral.

Nesses postos de socorro encontraremos espíritos missionários vindos das regiões mais elevadas, que trabalham na ajuda aos espíritos que vivem nas cidades e regiões do Umbral e que estão à procura de tratamento ou orientação.

Quando um espírito ajudado e acolhido pelos missionários de luz desperta para a necessidade de melhorar, crescer e evoluir ele é levado para uma Colônia onde será tratado e passará seu tempo estudando e realizando tarefas úteis para o seu aperfeiçoamento. Quando esses espíritos se sentem incomodados e mergulhados em sentimentos como o ódio, vingança e revolta, eles acabam retornando espontaneamente para os lugares de onde saíram. Isso é muito comum no Umbral. Nós continuamos sempre com nosso livre arbítrio. Deus permite que isso aconteça para que nós possamos nos ajustar e para encontrarmos o verdadeiro sentido da vida.

O Umbral, assim como as Colônias espirituais, foi criado antes da chegada do espírito ao planeta Terra. Tudo já estava preparado quando chegamos aqui. Ele que tudo sabe e tudo vê, sabia da necessidade de acolhimento e compreensão para que nós, Seus filhos, pudéssemos alcançar a tão sonhada evolução espiritual.

A grande escola já estava pronta.

Nos postos de socorro situados no Umbral, trabalham médicos, enfermeiros e atendentes que durante algum período de suas encarnações experimentaram isso sobre a Terra. Assim, esses espíritos utilizam os conhecimentos e experiências adquiridos nas encarnações para auxiliar os espíritos que sofrem nesta região.

Nada se perde e tudo se completa na vida espiritual e lá encontramos os espíritos que obsediam Gilberto.

Arruda e Jonas estão sentados em um dos precipícios do Umbral.

– E aí Arruda, quando é que você vai deixar aquele menino médico em paz?

– Nunca.

– Cara, você ainda não percebeu que o que você está fazendo só está te atrasando aqui?

– Eu já percebi isso.

– Então, para de perseguir o garoto.

– O pai dele me destruiu, ele me fez tanto mal que eu acabei cometendo o suicídio involuntário. Fiquei por longos três anos sentado na porta do botequim bebendo até que o meu fígado acabou. A cirrose me matou.

– Seu problema é com o pai dele e não com ele.

– Mas eu não encontrei aquele desgraçado para me vingar dele. O único que eu tenho acesso é o filho dele e sua família.

– Então Arruda, deixa isso de lado, cara.

– Não. Vou matar aquele garoto. Enquanto o pai dele não aparecer para acertar as contas comigo eu não desisto de destruir ele. Enquanto ele não me pedir desculpas por ter me mandado embora do meu emprego eu não deixo o filho dele em paz.

– Cara uma coisa é certa, tudo o que você está fazendo para esse garoto você vai ter que acertar com ele. Não adianta você fazer mal a quem não tem nada a ver com isso, cara. Já te falei isso. Eu gostaria muito de mudar a minha vida, mas não tem como eu sair desse lugar.

– Não me importa. Olha onde estou? E se estou aqui é por causa do desgraçado do Matias. Se ele não tivesse me mandado embora do meu emprego, talvez eu estivesse até hoje encarnado e cuidando da minha família.

– O menino filho do Matias não tem nada com isso, Arruda – insiste Jonas.

– Tem sim. Eu não consigo perturbar a mulher dele e nem a filha dele, mas esse garoto eu consigo perturbar e vou destruí-lo.

– Pare com isso, Arruda, por favor.

– Enquanto ele estiver usando droga eu consigo me aproximar dele com muita facilidade e assim eu consigo inserir coisas ruins em seus pensamentos e no seu coração. Vou destruí-lo.

– Um dia, Arruda, você vai se arrepender muito disso.

– Sem problemas. Eu já estou aqui mesmo e pelo que eu sei não vou ser levado para um lugar pior do que esse.

– Mas você sabe que existe um lugar que é muito pior que isso aqui, não é amigo?

– Sim, eu sei, mas não vou ser atraído para lá. Pode confiar! Já descobri que para ir para lá eu tenho que desejar, eu tenho que me afinar com o lugar.

– Estou fazendo a minha parte. Estou tentando lhe ajudar. Embora eu também goste de usar drogas lá naquele bar. Mas eu apenas me sirvo dos fluidos que lá já existem. Não faço mal a ninguém. Só gosto da maconha.

– Isso é problema seu, eu vou destruir aquele menino, custe o que custar.

Jonas se levanta e sai de perto de Arruda, que continua sentado esperando a hora certa para voltar a perturbar Gilberto.

Após alguns minutos, Arruda percebe que se aproxima dele um grupo de espíritos de luz. Ele então se levanta para recepcionar os espíritos de frente.

Arruda vê que quem lidera o grupo e caminha a frente de todos é um velho conhecido seu. Nicodemos é diretor de um dos postos de socorro que ficam no Umbral. Ele e seu grupo de resgate, sempre que dispõem de algum tempo, tentam persuadir Arruda e outros espíritos que vivem a vagar pelo Umbral a perdoarem seus desafetos, eles insistem para que esses espíritos deixem o ódio e a vingança de lado. O trabalho desses operários de luz é e será sempre salvar almas. São aproximadamente doze espíritos que compõem essa caravana de luz.

– Boa tarde Arruda – diz Nicodemos se aproximando.

– Olá Nicodemos.

– O que fazes aqui sentado, meu querido amigo?

– Refletindo sobre os meus atos, Nicodemos.

– Que bom que o irmão está refletindo – diz Maria, uma das auxiliares de Nicodemos, se aproximando.

– É Dona Maria, estou aqui pensando na vida – diz Arruda fingindo.

– E você já chegou a alguma decisão, irmão Arruda?

– Ainda não estou bem certo do que eu quero, Nicodemos. Mas estou pensando muito e tenho pensado muito em seus conselhos.

– O irmão sabe que não podemos perder as oportunidades evolutivas que nos são apresentadas, não é?

– Sim, eu sei perfeitamente disso.

– Pois bem, nós estamos lá no posto, assim que o irmão quiser ascender para uma Colônia para se recuperar, é só nos procurar. O tratamento é gratuito e feito com muito amor.

– Eu sei, Nicodemos, eu sei Dona Maria, obrigada!

– Arruda, nós sabemos perfeitamente o que você anda

fazendo lá naquele bar. Você pode achar que está nos enganando, mas aqui não há corpo físico e, sendo assim, nós conseguimos enxergar-te por dentro, consigo ler seus pensamentos e quero lhe aconselhar a parar com isso. Gilberto é apenas um pobre rapaz que luta para se tornar médico. O que você está fazendo não faz bem a ele e muito menos a você, que precisa tirar de seu coração todo esse rancor e perdoar-se primeiramente.

– Mas eu não estou fazendo nada.

– Arruda, eu sou um espírito que lutei muito para chegar onde estou, foram centenas de encarnações e aprendizados, não foi fácil chegar até aqui, meu irmão. Use-me como exemplo, perdoe, auxilie, e assim nós poderemos lhe ajudar.

– Eu agradeço, Nicodemos, mas não quero ir a lugar algum agora. Não quero a sua ajuda.

– Lembre-se sempre do perdão de Jesus por seus algozes.

– Vou pensar no seu caso – diz Arruda irritado.

– Vamos continuar nosso passeio, vamos Maria – diz Nicodemos se afastando.

Arruda acena com a mão direita, despedindo-se da falange de luz que passeia pelo Umbral a procura de espíritos que estejam arrependidos sinceramente e que desejam evoluir.

Arruda mente, na verdade ele espera uma nova oportunidade para atacar Gilberto.

"São as escolhas que definem quem nós somos."

Osmar Barbosa

A Formatura

A festa está linda, todos os formandos estão felizes e acompanhados de seus familiares. Gilberto é o único que está sozinho. Sua mãe está muito doente e não pôde comparecer. Sônia, sua única irmã, não fez questão de ir a festa de formatura do irmão, afinal ele não procura a irmã em nenhum momento de sua vida. Gilberto vive só. Agora ele mora em um apartamento alugado e se sustenta dos rendimentos de um bom dinheiro guardado fruto da herança de seu pai, que lhe dá um excelente rendimento mensal. Além disso, ele já recebe um bom salário na residência médica que faz no principal hospital da cidade. As obras de seu consultório estão a pleno vapor. Gilberto é clínico geral.

Eduardo, seu amigo de muito tempo, encontra-se com ele no meio da festa.

– E aí irmão, chegou o grande dia hein mano?

– É Edu, finalmente o diploma.

– Como está a residência?

– Já estou até estagiando no Hospital Geral.

– Caramba que legal.

– É mano, eu já tenho a minha independência. Está tudo acontecendo como eu previa – diz Gilberto feliz.

– E cadê a sua família, cara eles não vão vir? Cadê a sua mãe e a sua irmã?

– Não, elas não vão vir.

– Mas o que ouve?

– Minha mãe está adoentada e a minha irmã nunca ligou para mim mesmo. Não faço questão da presença delas não.

– Lamento, Gilberto.

– Sem problemas.

A conversa segue animada.

– Aí, eu trouxe um pouco de pó, vamos cheirar?

– Não estou a fim não, Edu. Tem muito tempo que eu não faço o uso de drogas.

– Deixa de ser trouxa, cara. Hoje é o dia de comemorar, mano. Afinal, nós conseguimos.

– Não, Edu, obrigado.

– Olha, você se lembra da Luana?

– Sim, claro que sim, afinal ela está se formando hoje junto conosco. Não está?

– Pois é cara, ela e umas amigas me convidaram para uma festinha particular quando acabar a festa aqui.

– Não sei não, Edu.

– Vamos poxa afinal a gente merece, né Gil?

– Vou pensar a respeito – diz Gilberto.

– Deixa de ser trouxa, a festa vai ser na casa de uma amiga dela, vai rolar de tudo, vamos nos divertir.

– A que horas começa essa festa?

– Assim que terminar aqui.

– Está bem eu vou com vocês – decide Gilberto.

– É assim que se fala, é assim que se fala mano. Hoje a noite promete, meu amigo.

Arruda fica feliz com a decisão de Gilberto. Ele há muito tempo tem tentado levar Gilberto novamente para as drogas, sem sucesso. Agora ele está feliz.

O obsessor comemora a decisão de Gilberto.

– É hoje. Hoje ele não me escapa. Hoje eu me vingo deste desgraçado – diz o espírito obsessor.

Jonas, percebendo o perigo, se aproxima de Arruda e o aconselha a desistir da vingança.

– Arruda, meu amigo, deixa o rapaz em paz. Vamos poxa, afinal seu negócio é com o pai dele e não com o pobre menino. Isso ainda vai te causar muito sofrimento.

– Quando eu conseguir atingir o meu objetivo, o papaizinho dele vai aparecer, podes ter certeza disso.

– Por que esse ódio em seu coração, Arruda? Olhe para você. Você está ficando negro como um moribundo apodrecendo por dentro. Sua forma está se modificando, você está em petição de miséria, meu amigo.

– Isso é ódio, meu amigo, ódio. O ódio que eu carrego em meu peito só vai ser aliviado quando eu me vingar do Matias.

– Por que então você não procura o Matias? O garoto não te fez nada! Ele não tem nada com isso, ele nunca te fez nenhum mal. Já te falei isso várias vezes, meu amigo.

– Foi por causa do pai dele que eu perdi o meu emprego. E foi por causa de ter perdido o meu emprego que eu me entreguei à bebida, e logo a depressão me matou. Foi o Matias o culpado de tudo.

– Que é isso cara? Uma coisa não tem nada a ver com a outra. O menino é inocente. Você vive insistindo nessa história. Você se entregou porque você foi fraco. Se você tivesse procurado um outro emprego isso tudo não teria acontecido.

– Não importa, Jonas, eu vou me vingar do filho dele. Quem sabe assim o desgraçado do Matias não aparece aqui para acertar as contas comigo? Quem sabe ele não resolve proteger o filhinho querido dele?

– Mas, cara, ninguém sabe onde está o Matias! Ninguém

pode ajudar o garoto. Ele está vulnerável. Não tem religião, não acredita em nada.

– Dane-se, eu vou me vingar dele. Essa falta de Deus no coração me facilita as coisas, você sabe disso.

– É, você não tem jeito mesmo Arruda. Não adianta eu te avisar. Olha, Ele disse que quem com o ferro fere, com o ferro será ferido, lembra?

– Não adianta mesmo, Jonas, pare de perder seu tempo tentando mudar meus pensamentos e a minha vingança. E que se dane o que Ele disse.

– É, meu amigo, só quero te alertar para uma coisa.

– O quê?

– Se você conseguir matar o garoto, prepare-se porque ele vai vir com toda força para cima de você.

– Ele não é nada. Se ele vier para o Umbral eu pego ele. Aí mesmo é que termino a minha vingança, bebendo o sangue desse desgraçado desse garoto. Bebendo o sangue do filho do meu inimigo.

– Cuidado, Arruda, cuidado que Ele está vendo tudo, já te falei!

– Não estou nem um pouco preocupado com Ele. Ele me abandonou há muito tempo. Há muito tempo que eu estou aqui sofrendo e Ele nunca me ouviu.

– Nós sabemos muito bem que se estamos aqui é porque merecemos isso. Deus não nos impôs nada, nós é que através das nossas falhas fomos atraídos para esse lugar, nossa falta de caráter nos trouxe para cá. Lembra da lei?

– Não venha com esse papo de plantou, colheu. Não estou nem aí para a lei.

– Tudo bem, Arruda, o ódio em seu coração não lhe deixa enxergar nada. Você está cego. Depois não diga que eu não avisei.

– Cuide de sua vida, Jonas. Deixe-me em paz. Vá para o inferno.

– É o que eu vou fazer. Passar bem, meu amigo, depois não reclame que não te avisei. Estou aqui como seu amigo e você não quer me ouvir. Lamento parceiro, mas nada posso fazer para te alertar.

– Vá para o inferno.

Jonas se afasta de Arruda e volta para outra região do Umbral, onde vive. Arruda permanece no portal que separa o Umbral e a casa onde acontecerá a festa, ele espera pela oportunidade para atacar Gilberto. O ambiente está repleto de obsessores e espíritos que ficam vagando por esses ambientes a espera de bebida, drogas e cigarros. Todos foram avisados da tal festinha particular.

Depois de todo o cerimonial e terminando a festa na faculdade, Gilberto e seus amigos seguem para o local combinado. Há várias jovens dançando nos jardins da linda casa de condomínio, o lugar é lindo.

Rapazes e meninas dançam em volta de uma piscina, há pouca luz no lugar. Uma música alta diverte a todos. O ambiente já está totalmente lotado de jovens que comemoram seus objetivos alcançados. Dezenas de espíritos se aproveitam da ingenuidade dos jovens para intuí-los ao uso de bebida, cigarro e muita droga, assim todos estão felizes.

Arruda se aproxima de Gilberto e o aconselha a procurar por Edu para pedir a ele um pouco de cocaína. Gilberto sem perceber segue as orientações do seu obsessor.

– E aí Luana, você viu o Edu por aí?

– Ele está lá em cima no segundo andar da casa, no primeiro quarto a esquerda.

– Obrigado Luana – diz Gilberto se afastando.

Ele carrega na mão direita uma bebida feita à base de Vodca com gelo e limão. Essa já é a quinta dose que ele toma.

Gilberto enfim encontra o amigo.

– E aí Edu?

– Mano, você veio, que bom! Entra aí.

Gilberto adentra o quarto. Nele estão Manuela, José Carlos, Ariane e Edu. Todos estão com um canudo retirado dos drinks nas mãos. Sobre a pequena mesa onde todos estão sentados há uma bandeja rasa com muita cocaína espalhada.

– Toma Gil – diz Edu lhe entregando um tubinho já sujo de cocaína.

– Eu posso?

– Claro mano, senta aqui – diz José Carlos se levantando e cedendo o lugar para Gilberto.

Rapidamente ele se senta e começa a cheirar cocaína com os amigos.

Uma, duas, três vezes sem parar.

– Ei cara, vai devagar mano, você vai ficar louco – diz Manuela se aproximando.

Arruda se aproxima de Edu, que pensava em interferir e diz:

– Deixa ele, o mano está precisado.

Risos.

Manuela interfere e diz:

– Ei, cara, vai devagar, você está cheirando muito, tem que ir devagar – insiste a jovem.

Arruda ri e fica ao lado do Edu, que interfere e diz:

– Ele está acostumado, Manuela, deixa o mano cheirar a vontade.

Gilberto cheira a cocaína sem parar.

Arruda sorri e intui todos a cheirarem mais cocaína. Arruda parece muito próximo de alcançar o seu objetivo.

Gilberto está totalmente drogado.

Todos riem uns dos outros. A música alta é o elemento que auxilia os jovens a continuarem se drogando.

Luana adentra ao quarto e se assusta com tanta cocaína sobre a mesa. Todos estão totalmente dopados. Edu está caído sobre Manuela.

Gilberto, sentado ao chão ao lado de Edu, delira totalmente dopado pela droga.

Arruda se delicia enlouquecido pelos fluidos que conseguiu sugar dos jovens.

Gilberto se sente mal e desmaia. Luana com medo de uma overdose retira a bandeja de cocaína que estava sobre a mesa e a esconde dentro de um armário sob os protestos de José Carlos e corre até a sala para pedir ajuda.

Ela então encontra Marcos, que acaba de se formar assim como eles.

– Marcos – diz Luana segurando no braço direito do rapaz.

– Oi, Luana, o que houve?

– Venha comigo, por favor.

– Sim, mas o que houve? Você está assustada. Que cara é essa, menina?

– Vem por favor, Marcos – diz Luana arrastando o rapaz em direção a escada que dá acesso ao segundo andar.

Assustado e sem entender muito bem o que está acontecendo, Marcos segue subindo os degraus sendo puxado por Luana.

Ao chegar ao quarto o jovem médico se assusta com o que vê.

– Meu Deus, o que houve aqui, Luana?

– Eles estavam usando cocaína.

– Meu Deus, que loucura – diz o jovem segurando o rosto de Gilberto e levantando-o do chão.

– Esse me parece o pior – diz Marcos.

– Deixa o cara, meu. Ele só está no barato – diz Edu.

– Edu, ele está mal, meu. Vocês são loucos – diz Luana auxiliando Marcos a levantar Gilberto.

– Essa mistura é fatal – diz Marcos tirando o copo de vodca das mãos de Gilberto, que insiste em segurá-lo mesmo estando naquele estado. Gilberto delira falando palavras sem sentido.

Com muita dificuldade, Marcos e Luana conseguem colocar Gilberto sobre um pequeno sofá de dois lugares localizado no canto do quarto.

– Ajude-me aqui Luana, temos que colocá-lo de lado – diz Marcos.

– Sim – diz Luana.

– Você precisa chamar uma ambulância, pois precisamos levá-lo para o hospital e temos que fazer isso urgente.

– Mas isso vai destruir a imagem dele – diz Edu.

– O que importa imagem nessa hora? Agora nós temos é que salvar a vida dele.

– Mas Marcos, e se souberem que estamos usando drogas aqui na casa da minha amiga? – diz Luana.

– Vocês deveriam ter pensado nisso antes de cometerem essa loucura.

– Vamos fazer assim: eu vou pegar o meu carro e a gente leva ele para o pronto socorro sem informar que estávamos aqui na casa da minha amiga, ok? – diz Luana.

– O que vocês vão falar não é problema meu, Luana. Nós precisamos correr para salvar a vida desse rapaz – insiste Marcos.

– Vou lá embaixo buscar ajuda para carregar ele até o meu carro.

– Faça isso rapidamente, ele me parece estar tendo uma taquicardia – diz Marcos.

Gilberto passa muito mal. Ele reclama de dor de cabeça

e uma dor muito forte no peito. A confusão mental dificulta o atendimento que Marcos realiza. Gilberto então começa a ter dificuldade para respirar e começa a ter convulsões, logo perde a consciência. O estado dele é crítico.

Desesperada, Luana corre e pede auxílio a três amigos, que levam Gilberto para o seu carro. Passada uma hora, Gilberto dá entrada no pronto-socorro vítima de overdose de cocaína. Os médicos ficam assustados porque conhecem o jovem.

– Cara, esse não é o Gil, quer dizer, o doutor Gilberto? – diz Arnaldo, o médico plantonista.

– Sim, é ele mesmo. Alguns amigos o deixaram aqui e foram embora. Acho que é o pessoal da faculdade.

– Vamos cuidar dele, depois vamos procurar saber o que aconteceu. Hoje não é a formatura lá na faculdade?

– É uma overdose de cocaína, segundo a amiga que o deixou aqui – diz Rosane à enfermeira do plantão.

– Estes jovens de hoje. Tudo eles resolvem se drogando. Ao invés de comemorarem a realização do sonho de serem médicos eles comemoram drogando-se.

– Pois é – diz Arnaldo.

– Vamos levá-lo para a UTI. O estado dele é grave. Vamos entubá-lo.

Os esforços são em vão. Gilberto morre após duas horas de luta e tentativas de salvá-lo. A cocaína venceu.

– Doutor Arquimedes, o Gilberto veio a óbito – diz Arnaldo.

Dr. Arquimedes é o diretor do hospital. Amigo do falecido Matias.

– Esse menino é filho de um grande amigo meu. Seu pai, o Matias, foi diretor deste hospital por muitos anos. Ele era meu amigo. Nunca imaginei que seu filho, seu único filho, terminasse a vida assim. Hoje foi a formatura dele. Ele já era residente em outro hospital. Aqui mesmo ele chegou a estagiar por alguns meses, mas logo pediu para nos deixar pois não estava suportando a carga horária de trabalho. Lamento muito o fim deste menino. Tereza, sua mãe, vai ficar arrasada – diz o diretor do hospital.

– Eu esbarrei com ele aqui em alguns plantões. Nunca esperaria isso de um médico recém-formado. Morrer de overdose é uma verdadeira tragédia. Chega a ser cômico, se não fosse verdade.

– São essas as tragédias que as drogas nos apresentam todos os dias.

– Verdade, Doutor Arquimedes, pura verdade. Eu mesmo, durante os plantões na emergência, o que mais vejo chegar aqui são pessoas alcoolizadas ou drogadas. Normalmente consigo salvá-las, mas infelizmente não consegui salvar esse rapaz. Ele chegou aqui em estado muito grave, acredito que teve algumas paradas cardíacas ou cardior-respiratórias durante o trajeto até aqui. O rapaz que o trouxe me falou que fez massagem cardíaca no caminho, sem sucesso.

– Realmente é lamentável. Peça para avisarem a família, evite o instituto médico legal, avise-os que realizaremos a necropsia aqui. É o mínimo que eu posso fazer pela família do Matias.

– Pode deixar, doutor, vou pedir ao pessoal para providenciar tudo.

– Obrigado doutor Arnaldo.

– De nada senhor.

"Sofre o espírito que não se transforma todos os dias."

Osmar Barbosa

O Vale das Sombras

No Umbral existe um lugar que chamamos de Vale das Sombras, ele é chamado assim por ser a parte mais escura do Umbral. É um lugar de pouquíssima luz. Muitos espíritos se refugiam ali para fugir das brigas e das perseguições que existem no Umbral. Pessoas que fizeram muito mal por aqui, procuram se refugiar no Vale para não serem achadas por seus inimigos.

Arruda se sente feliz por ter alcançado seu objetivo e caminha pelo Umbral na esperança de encontrar-se com Gilberto para dizer-lhe que foi ele quem o matou. A sede de vingança e o ódio em seu coração não o deixam ver que seu estado fica pior a cada dia que passa.

– Onde está este desgraçado? Onde foi que ele se meteu? – diz Arruda caminhando pelo Umbral. Sempre que ele encontra algum conhecido, na escuridão do Umbral, ele pergunta pelo menino médico que ele faz questão de dizer que matou.

O Vale está em um dos seus piores dias, chove muito e faz muito frio. Os espíritos estão agrupados nas pequenas cavernas que existem por lá. Mulheres, homens e jovens se agrupam na esperança de aquecerem seus corpos fluídicos moribundos e sujos.

Gilberto é acordado por uma jovem que se aproxima lentamente dele. Ele está no Umbral.

– Ei moço, acorde!

Isabel ajoelha-se próximo ao corpo desacordado de Gilberto e lhe balança pelo braço direito.

– Acorda moço – insiste a jovem.

Gilberto não reage ao chamamento de Isabel.

Alexandre, outro espírito, se aproxima de Isabel.

– O que houve, Isabel?

– Esse rapaz chegou aqui há dias. Ele ainda não acordou. Estou com pena dele, pois a chuva está encharcando o seu corpo.

– Você tem que parar de se meter com os que chegam aqui, Isabel, você nem conhece ele. Existe uma ordem natural, e você sabe disso.

– Não suporto ver alguém assim, Alexandre. Pelo que estou vendo, ele é um recém-desencarnado. Ele ainda nem acordou para tentar compreender o que está acontecendo com ele. Provavelmente vai ficar igual aos outros procurando pela família, pelos amigos, implorando ajuda. Sei que temos que respeitar o tempo de cada um aqui, mas meu coração fica apertado quando vejo alguém sofrendo assim. Ele é tão jovem.

– Isso faz parte do que ele escolheu viver antes de vir para cá, Isabel.

– Eu sei, Alexandre, mas eu gostaria de ajudá-lo.

– Vamos voltar para o posto de atendimento, Isabel, está chovendo muito. Quando chegar a hora, ele vai lá ao posto nos procurar. Ou voltamos mais tarde, pelo visto esse menino ainda vai demorar muito para acordar.

– É, eu acho que é o melhor fazermos isso mesmo.

– Venha, vamos – diz Alexandre auxiliando Isabel a se levantar.

Gilberto permanece desacordado. A chuva molha todo o seu corpo enlameado e sujo.

Após vinte e três dias, finalmente Gilberto acorda.

– Meu Deus que lugar é esse? Onde estou? Cadê todo mundo? O que fizeram comigo? Caramba estou morrendo de frio... será que eles me trouxeram para essa floresta? Que lugar horroroso.

Gilberto se levanta e começa a olhar para os lados na esperança de entender o que está acontecendo com ele... ele tenta compreender tudo. Sua mente está confusa.

Sozinho, ele decide caminhar em busca de uma luz ou alguém que possa lhe explicar o ocorrido.

– Cadê todo mundo? Cadê o Edu?

Ao caminhar, ele vê uma pequena luz muito distante. Ele decide caminhar em direção àquela luz.

– Meu Deus, que lugar é esse? O que será que aconteceu com a cidade? Cadê todo mundo? Aprontaram uma pra mim, tenho certeza. Parece que tem alguém ali naquela pequena casa.

Gilberto se aproxima do posto de atendimento. Alguns espíritos estão em volta do lugar. Ele estranha tudo aquilo, mas decide entrar para pedir informações.

A porta de madeira rústica não tem maçaneta e nem cadeado, ela fica encostada para quem quiser entrar.

Ele então empurra a porta e entra lentamente mostrando-se assustado.

Isabel está sentada atrás do pequeno balcão feito de madeira amarelada. Gilberto tenta com as mãos retirar um pouco da sujeira de seu corpo, inutilmente.

Há sobre o balcão uma prancheta com algumas folhas de papel e um pequeno lápis. Isabel está de cabeça abaixada olhando e anotando alguma coisa em uma ficha presa sobre as folhas de papel na prancheta.

Isabel levanta o rosto e olha para Gilberto ao perceber a sua chegada.

– Olá, como vai? Eu me chamo Isabel – diz a jovem estendendo a mão direita para cumprimentar Gilberto, que, assustado, e sem entender muito bem o que está acontecendo, fica paralisado olhando a jovem menina.

– Não fique assustado. Você tem um nome?

– Gilberto. Esse é o meu nome.

– Olá Gilberto, seja bem-vindo ao posto de atendimento.

– Posto de atendimento, como assim? Eu estava em uma festa com os meus amigos e acordei aqui neste lugar escuro e frio. O que houve? Que lugar é esse? Onde estou? Já vi que isso é uma pegadinha que armaram para mim, coisas do Edu.

– Não conheço nenhum Edu.

– Mas como assim? O que aconteceu?

– Sente-se aqui que eu vou lhe explicar – diz Isabel levando Gilberto para sentar-se em um pequeno banco de dois lugares no canto direito da pequena sala.

– Não quero me sentar. Estou muito sujo.

– Fique calmo e se sente aqui, eu vou chamar o médico para olhar você. Não se preocupe com a sujeira, depois limpo tudo.

– Médico, como assim médico? Que lugar é esse?

– Eu já te falei, aqui é um posto de atendimento.

– Atendimento de quê?

– Um posto de socorro que presta atendimento.

– Você está de brincadeira comigo, não está? Isso é uma brincadeira.

– Não, não é uma brincadeira – diz Isabel tentando acalmar Gilberto.

– Onde estão as câmeras dessa pegadinha?

– Gilberto, sente-se aqui e tome este copo d'água enquanto eu vou chamar o médico.

– Quando é que vai acabar essa palhaçada? – diz o rapaz irritado.

– Eu já volto com o médico.

– Você sabia que eu também sou médico? Você sabia que eu sei que eu não tenho nada? Meu corpo está perfeito, a não ser essa sujeira que não sai do meu corpo. Vamos parar agora mesmo com essa palhaçada menina.

– Eu me chamo Isabel, doutor.

– Sim, Isabel, vamos parar com essa palhaçada. Eu estou todo ensopado, preciso de roupas secas. E aqueles zumbis ali fora? O que é que é aquilo?

– Espere só um pouquinho enquanto o Alexandre não chega.

– Quem é esse tal de Alexandre?

– É o médico responsável por este posto de atendimento.

– Então chama logo esse cara, para ele me explicar direitinho que palhaçada é essa.

– Eu já volto – diz Isabel entrando em outra sala, onde um grande corredor leva à sala da administração.

Gilberto bebe toda a água do copo e se senta no banco para esperar por Alexandre.

Isabel é uma jovem de cabelos pretos, olhos negros e sorriso farto. Seu corpo é perfeito. Ela mede aproximadamente um metro e sessenta e cinco.

Gilberto nem percebe tamanha beleza na jovem que o atendeu com cordialidade.

Alexandre chega à sala ao lado de Isabel. Embora ele sendo alto e muito forte sua veste branca disfarça o corpo atlético do rapaz.

Gilberto se levanta ao perceber a chegada dos dois.

– Olá Gilberto, como vai? – diz Alexandre lhe estendo a mão direita para cumprimentá-lo.

Gilberto retribui o gesto cumprimentando Alexandre.

– Isabel me disse que o senhor está bastante alterado, nervoso e curioso?

– Eu só quero saber quando é que vai acabar essa palhaçada? Já falei para essa menina que não estou gostando dessa brincadeira, provavelmente é uma pegadinha do pessoal da faculdade.

– Olha, Gilberto, eu acho melhor o senhor entrar comigo, acho melhor irmos a minha sala para conversarmos melhor.

– Pois não, e onde fica a sua sala?

– Venha comigo – diz Alexandre indo em direção às enfermarias.

Isabel segue ao lado dos dois.

O corredor é imenso e nele há várias portas, há treze portas a direita do corredor e mais quinze portas a esquerda. No final dele há uma grande sala onde Alexandre atende a todos.

– Vamos entrar aqui para que eu possa lhe explicar onde o senhor está – diz Alexandre abrindo a segunda porta à esquerda do corredor.

Gilberto entra e fica impressionado com o que vê.

Há aproximadamente trinta e cinco macas naquela sala, as macas são flutuantes, elas não têm pé. O ambiente é todo azulado e em quase todas as macas há pacientes em sono profundo. Na testa de cada paciente há um pequeno feixe de luz de cor violeta. Todos estão com o corpo coberto por um lençol de cor branca.

Assustado, Gilberto pergunta:

– Que palhaçada é essa? Que lugar é esse, meu amigo?

– Essa é a enfermaria quarenta e um.

– Enfermaria quarenta e um, o que é isso?

– Preciso que você se deite em uma dessas macas para que eu possa lhe explicar melhor tudo isso aqui.

– Deitar para quê? Eu não estou sentindo nada.

Isabel chega trazendo roupas limpas e bem passadas para Gilberto.

– Pegue essas roupas, vá até aquela pequena sala ali e troque-as por favor, já que as suas estão bem sujas e molhadas.

– Obrigado pelas roupas, vou trocar sim, pois estou incomodado com essa roupa molhada e suja. Isso certamente vai me fazer mal.

– Vá até ali e as troque – insiste Isabel.

Gilberto vai até a sala e troca de roupa. Retornando ele vai ao encontro de Alexandre e Isabel.

– Estou me sentindo melhor agora de roupa limpa – diz o rapaz.

– Agora eu lhe peço, doutor, para deitar-se aqui nesta maca para eu possa lhe explicar o que está acontecendo realmente com o senhor.

– Você é médico?

– Sim, sou cardiologista.

– Eu não tenho nenhum problema cardíaco, doutor.

– Eu sei. Só preciso que o doutor relaxe para que possamos conversar.

– O senhor acha que eu estou com algum tipo de doença?

– Não, eu acho que o senhor não tem nada.

– Então por que eu preciso me deitar?

– Porque fica mais fácil para mim e para a Isabel lhe explicar o que está acontecendo.

– Olha doutor, eu, como médico, sei que não devemos contrariar ordens médicas. Por isso eu vou me deitar, só por isso! Respeito sua decisão.

– Obrigado doutor Gilberto.

Gilberto se deita. Carinhosamente, Isabel lhe cobre o corpo com um lençol branco e acende um pequeno feixe de luz que ela mesma posiciona sobre a testa de Gilberto. Após relutar por alguns segundos, Gilberto adormece.

– Ufa, conseguimos – diz Isabel.

– Eu tinha a certeza que conseguiríamos, Isabel – diz Alexandre.

– Cheguei a pensar que nós não conseguiríamos.

– Este não é aquele rapaz que você tentou acordar para trazer para o tratamento?

– Sim, é ele mesmo. Já tenho todo o histórico dele.

– Já te mandaram tudo sobre ele?

– Sim. O Daniel da Colônia Espiritual Amor e Caridade me passou tudo sobre ele.

– E onde estão os arquivos?

– Estão na minha sala.

– Vamos deixá-lo dormir por alguns dias. E o tempo necessário a ele para podermos trazer as suas lembranças e tentar ajudá-lo a seguir em frente.

– Daniel me pediu para que assim que ele estiver pronto para a revelação nós o avisarmos para ele mesmo pessoalmente conversar com o Gilberto.

– Que seja feita a vontade de nosso querido amigo e mentor.

– Assim que tudo estiver pronto eu te aviso e aviso o Daniel – diz Isabel acariciando os cabelos ainda úmidos de Gilberto que dorme em sono profundo.

– Você está satisfeita de tê-lo aqui, Isabel?

– Sim, Alexandre, estou muito feliz.

– Bom, vou voltar aos meus afazeres, assim que estiver tudo pronto vamos receber o Daniel.

– Obrigado Alexandre.

– De nada Isabel.

Alexandre se afasta enquanto Isabel permanece ao lado de Gilberto, acariciando-lhe os cabelos e a face. Parece que ela o conhece há muito tempo.

"*O amor é o único sentimento que levamos pela eternidade.*"

Osmar Barbosa

A Revelação

Após alguns dias, Daniel chega ao posto de atendimento e procura por Isabel.

– Com licença – diz Daniel abrindo lentamente a porta da sala de Isabel, que, surpresa e feliz com a chegada do amigo mentor, dá um salto da cadeira e corre em direção a Daniel.

– Daniel, que honra recebê-lo aqui! – diz a jovem emocionada abraçando-o.

– Eu é que me sinto feliz em estar aqui, Isabel. Onde está o Alexandre? – diz Daniel retribuindo o abraço a Isabel.

– Vou mandar chamá-lo, espere só um pouquinho – diz Isabel saindo de sua sala e indo ao corredor para chamar Alexandre.

– Vou ficar aqui te esperando, Isabel – diz Daniel se sentando em uma confortável cadeira branca.

– Espere é rapidinho, eu já volto.

Poucos minutos depois, Isabel volta a sua sala acompanhada de Alexandre.

– Olá querido Daniel – diz o rapaz.

Daniel, que estava sentado, se coloca de pé para cumprimentar Alexandre, que lhe estende a mão direita e após o cumprimento o abraça.

– Que bom tê-lo aqui Daniel.

– Eu é que fico feliz em poder visitá-los.

– Veio só, Daniel?

– Vim com os guardiões que estão lá fora me esperando.

– Chegou a hora de acordarmos o Gilberto, Daniel?

– Sim, Isabel. Vim aqui com a missão de acordar o nosso mais recente assistido.

– Que bom. Espero que ele aceite as revelações com serenidade – diz Isabel.

– Eu também – diz Daniel.

– Você vai querer a minha ajuda, Daniel?

– Sim, Alexandre, sua ajuda é muito importante neste momento. Além de sua companhia, é claro.

– Eu estava ansiosa por este momento – diz Isabel.

– Há quanto tempo o Gilberto está em recuperação? – perguntou Daniel.

– Há exatos três meses e oito dias.

– É chegado o momento – diz Daniel.

– Vamos até a enfermaria ou você prefere que o traga até aqui Daniel?

– Vamos até a enfermaria. Lá vamos transportá-lo a suas vidas anteriores para que ele possa compreender tudo o que passa agora.

– Vamos – diz Isabel abrindo a porta da sua sala.

– Obrigado – agradece Daniel deixando a sala.

Eles caminham pelo extenso corredor que leva a enfermaria onde está, em sono, Gilberto.

O silêncio é total. Alguns espíritos voluntários aplicam passes coordenados nos pacientes ali deitados.

Daniel, Alexandre e Isabel se aproximam do leito de número dezoito, onde Gilberto dorme serenamente.

– É esse o rapaz? – pergunta Daniel.

– Sim, esse é o Gilberto – diz Isabel.

– Eu o tinha visto pela tela da revelação, ele me parece mais magro.

– Ele ficou por um longo período desacordado lá fora, isso certamente modificou seu corpo perispiritual – diz Alexandre.

Daniel se aproxima e estende suas mãos sobre a face de Gilberto, que começa a despertar.

Meio zonzo, Gilberto olha primeiramente para Isabel, que com ternura esboça um sorriso. Logo em seguida, ele olha para Alexandre como se o reconhecesse.

Daniel então retira as suas mãos que estavam direcionadas a Gilberto.

– Oi Gilberto – diz Isabel.

– Oi! – diz o rapaz.

– Como você está se sentindo? – pergunta Alexandre.

– Estou bem. Posso me sentar?

– Sim, claro – diz Isabel auxiliando Gilberto a se levantar.

Gilberto se senta na cama e olha assustado para Daniel.

– Olá Gilberto, muito prazer em conhecê-lo, eu me chamo Daniel – diz o nobre espírito lhe estendendo as mãos.

– Gilberto pega nas duas mãos de Daniel e se sente melhor.

– Quanto tempo eu dormi?

– Algum tempo – diz Isabel.

– Parece que dormi uma eternidade – diz o rapaz.

– O tempo aqui é relativo. Ele varia de acordo com as nossas emoções e nossas necessidades – diz Daniel.

– Como assim?

– O tempo na vida espiritual é muito diferente do tempo na Terra.

– Desculpe-me mais eu não estou entendendo – diz Gilberto assustado.

Daniel volta a segurar as duas mãos de Gilberto, acalmando-o ainda mais.

– Você está desencarnado, Gilberto – diz o mentor.

– Desencarnado, como assim, eu morri, é isso?

– Podemos dizer que sim – diz Alexandre.

– Como assim, morri?

– Seu corpo foi quem morreu. Você está em outra dimensão agora.

– Mas eu morri de quê?

– Overdose – disse Isabel.

– Meu Deus – diz Gilberto colocando as mãos sobre o rosto.

– Fique calmo – diz Daniel.

– Mas eu acabei de me formar, não acredito que isso tenha acontecido comigo.

– Pois aconteceu – diz Alexandre.

– Mas não é justo. Por que Deus fez isso comigo? Eu não mereço isso.

– Gilberto, nada é por acaso. Com o tempo você vai entender tudo o que aconteceu – diz Daniel.

– Onde é que eu estou?

– Acalme-se – diz Isabel.

– Você está em um posto de atendimento no Umbral.

– Umbral, o que é Umbral?

– O Umbral é um lugar muito ruim, só vem para cá aqueles que cometem algum tipo de erro – diz Alexandre.

– Estou sendo punido por usar drogas? É isso?

– Também – diz Isabel.

– O que será de mais que eu fiz de errado? Eu não queria fazer isso, sempre relutei muito pelo uso de drogas.

– Mesmo sem perceber você cometeu o suicídio, embora os motivos que o levaram a cometer tal ato não foram de sua espontaneidade.

– Como assim?

– Você vinha sofrendo um processo obsessivo que o auxiliou a cometer o suicídio.

– Mas o que é obsessão? Que papo é esse?

– Um espírito assim como você, estava te perseguindo – diz Alexandre.

– Peraí, deixe–me ver se eu estou entendendo: eu morri porque algum espírito estava me perseguindo e me obrigando a usar drogas que me fizeram morrer e estar aqui agora?

– Sim, podemos dizer que foi assim que as coisas aconteceram – diz Daniel.

– Mas cadê Deus que não cuidou de mim? Tudo bem que nos últimos tempos eu não estava mais indo a igreja, mas Deus não cuidou de mim?

– Deus cuida de todos os seus filhos a todo o momento. O problema não é Deus, e sim aquilo que fazemos uns aos outros. Isso é o que nos traz para cá.

– Vocês também cometeram suicídio?

– Nós fizemos muitas coisas erradas assim como você. Mas agora nós trabalhamos aqui e nas Colônias Espirituais, auxiliando espíritos como você que precisam de orientação e amor.

– Você também, Isabel? – pergunta Gilberto.

– Sim, todos nós que estamos aqui já vivemos uma vida na Terra e agora aproveitamos tudo o que aprendemos lá para pôr em prática aqui.

– Eu estou meio confuso – diz Gilberto.

– É normal ficar assim, meu amigo – diz Alexandre.

– Mas e minha mãe e minha irmã, como estão?

– Logo você poderá visitá-las – diz Daniel.

– Eu posso mesmo visitá-las?

– Sim, em breve eu mesmo te levo para vê-las.

– Obrigado Daniel. Nossa, como estou arrependido. Mas me deixe perguntar uma coisa, por que esse espírito do mal, se assim eu posso chamá-lo, fez isso comigo?

– Os espíritos que escolheram viver no mal só conseguem exercer algum poder sobre os encarnados quando eles estão na mesma sintonia, ou quando estão muito afastados de Deus. Quando vocês optam por viver uma vida desregrada, normalmente viram presas fáceis para esses inimigos que vocês adquiriram nas encarnações anteriores.

– Quer dizer que o espírito que fez isso comigo é meu inimigo?

– Você não é inimigo dele, mas ele tem o seu pai como inimigo e buscou a sua vingança em você.

– E pode isso?

– Na verdade vocês se tornaram inimigos há muito tempo.

– Como assim, Daniel?

– Vocês se tornaram inimigos há muito tempo – insiste Daniel.

– Como assim?

– Deite-se, por favor, que eu, o Alexandre e a Isabel vamos com você à origem de tudo, onde todo esse ódio começou.

– Eu vou dormir novamente?

– Sim, deite-se e vamos viajar no tempo.

– Viajar no tempo, como assim?

– Nós vamos transportar você até o seu passado e lá você poderá ver e compreender tudo o que está acontecendo.

– Antes eu posso lhe fazer uma pergunta?

– Sim, claro.

– Onde está o meu pai?

– Nós não sabemos ainda.

– Como assim?

– As coisas na espiritualidade são muito parecidas com as coisas da encarnação, sendo assim pessoas viajam para lugares distantes sem dar notícias.

– Mas não tem como vocês saberem?

– Sim, temos alguns mecanismos para isso – diz Alexandre.

– Nesta viagem que faremos juntos você vai se encontrar com o seu pai, embora em condições diferenciadas – diz Daniel.

– Estou ficando mais confuso ainda. Vocês são anjos?

– Tenha calma e confie em nós. Estamos aqui para lhe auxiliar, tenha a certeza disso – diz Daniel.

Gilberto começa a chorar.

– Não fique assim, Gilberto – diz Isabel o acariciando.

– Perdoem-me – diz o rapaz emocionado.

– Tenha calma meu rapaz – diz Daniel segurando-lhe as mãos, e transmitindo a Gilberto fluidos de serenidade.

O resultado é imediato. Logo Gilberto enxuga as lágrimas e se propõe a deitar-se e seguir as orientações dos amigos espirituais.

– Tenho que me deitar, é isso?

– Sim, Gilberto, deite-se que iremos com você ao seu passado.

Gilberto se deita enquanto Isabel lhe cobre novamente o corpo.

Alexandre posiciona o feixe de luz sobre a testa do rapaz, que entra em sono profundo.

"*Tudo na vida espiritual transcende a nossa imaginação.*"

Osmar Barbosa

Auschwitz

13 de janeiro de 1942.

Daniel, Alexandre, Isabel e Gilberto chegam ao pavilhão de número seis onde centenas de judeus estão presos em pequenas celas que mal cabem duas pessoas. Alguns tão magros que nem conseguem mais se levantar. Mulheres estão separadas em outra ala do mesmo pavilhão. O lugar tem muita umidade, é frio e escuro. Os prisioneiros passam fome, estranhamente todos estão em silêncio. Alguns soldados patrulham o lugar fortemente armados e com chicotes nas mãos.

Há três salas com equipamentos médicos, e uma enfermaria grande onde alguns pacientes agonizam no leito de morte. Algumas enfermeiras auxiliadas por experientes maqueiros passam em vistoria e recolhem aqueles que estão mortos.

Outros maqueiros transportam verdadeiros esqueletos em pequenas macas feitas com dois pedaços de pau e um pedaço de lona.

O ambiente é triste. Gilberto fica muito impressionado com tudo o que vê.

– Que lugar é esse, Daniel?

– Aqui é um dos campos de concentração nazista. Estamos em Auschwitz.

– Pude observar que aqui é um campo de concentração, mas o que é que eu tenho haver com tudo isso?

– Fique atento que logo você verá. Tenha calma!

Isabel se aproxima de Gilberto e lhe dá o braço.

Três médicos nazistas se aproximam de duas macas onde dois pacientes agonizam.

– Olha, os médicos chegaram! – diz Gilberto.

Dois dos médicos pedem a uma enfermeira que está ao lado que traga um bisturi e material cirúrgico. Logo eles começam uma experiência ainda com o paciente agonizando.

– Esses caras são loucos, nem ao menos deram anestesia no pobre paciente – diz Gilberto escandalizado.

Os médicos amarram o paciente à maca e abrem o corpo do pobre rapaz, que geme nos últimos suspiros antes da morte. O sangue jorra por todo o lugar. A enfermeira pega pedaços de pano sujos e começa a jogar sobre as poças de sangue embaixo da mesa de cirurgia.

Os dois médicos ficam examinando o paciente no exato momento da morte. Eles ficam analisando como todo o organismo reage à morte provocada por eles.

Isabel escandalizada coloca as mãos sobre o rosto, tapando sua visão para não presenciar tamanho sofrimento.

Alexandre assiste a tudo ao lado de Gilberto e Daniel.

– Meu Deus, que loucura é essa? Deus, tende piedade desses médicos. Esses caras são loucos. Senhor, tende piedade desse pobre homem que está morrendo dissecado por esses assassinos – diz Gilberto.

– Daniel, que coisa horrível – diz Alexandre.

– Sim, meus amigos, infelizmente milhares de homens, mulheres e crianças morreram aqui todos os dias, neste campo de extermínio. Esses médicos que vocês podem ver realizaram diversas experiências usando judeus, ciganos e evangélicos como cobaias, além de outros pobres inocentes.

– Jesus, eu estudei isso na escola, mas nunca pensei que essa crueldade tivesse existido de verdade – disse Gilberto muito impressionado.

– Infelizmente essa é uma verdade, meu querido Gilberto – diz Daniel.

– Jesus, tende piedade desses homens – diz o rapaz.

Após realizarem várias experiências em que as cobaias vivas não resistiam aos cortes feitos em órgãos e tecidos, os três médicos as deixam morrer. Eles saem da sala de cirurgia e se dirigem ao laboratório onde desenvolviam medicamentos que seriam testados em outros pacientes. E, após alguns poucos resultados positivos, eles desenvolviam remédios para serem usados nos soldados nos fronts de batalha. Mas quase sempre esses remédios não funcionavam corretamente.

Bacilos vivos da tuberculose eram injetados em crianças e jovens para que fossem testadas algumas vacinas, sem sucesso. Milhares morreram nessas experiências.

Aquele era um lugar de muito sofrimento. Gilberto, triste, pede a Daniel para tirar ele dali.

– Tire-me daqui, por favor, Daniel. Não estou entendendo por que eu estou aqui. Já vi o suficiente por hoje, tire-me daqui, por favor?

– Sem problemas, Gilberto, feche seus olhos que eu vou te levar de volta à enfermaria do posto de atendimento no Umbral.

Imediatamente Gilberto e todos os envolvidos voltam à maca onde tudo começou.

– Acorde Gilberto – diz Isabel.

Lentamente Gilberto abre seus olhos e enxerga Daniel e Isabel ao seu lado.

– Que bom que voltamos – diz o rapaz aliviado.

– Você pôde ver uma de suas encarnações. Na verdade, onde você contraiu a maior parte de seus débitos.

– Devo ter sofrido muito sendo cobaia daqueles médicos.

– Você não foi a cobaia.

– Não?

– Não, você e seu pai eram os médicos – disse Daniel.

Gilberto leva as duas mãos ao rosto e entra em desespero sentando-se na maca.

– Meu Deus, eu não posso ter feito isso? Ajude-me Deus, por que eu fiz isso? Meu pai. Meu Deus...!

– Aquela foi sem dúvida a sua pior encarnação Gilberto – disse Daniel.

– Mas por que eu fiz aquilo?

– Você e o seu pai eram muito gananciosos. Vocês queriam para si o status de descobridor das vacinas e remédios que mudariam toda a história da humanidade.

– Eu e meu pai?

– Sim, e desde então vocês estão encarnando juntos para resgatarem tanto mal feito à humanidade.

– Quantas pessoas eu matei?

– Milhares.

– Eu matei mulheres e crianças também?

– Sim – afirma o mentor.

– Meu Deus, eu mereço o pior mesmo. Mereço apodrecer eternamente naquele lugar nojento.

– Nenhum filho D'Ele merece o pior. Nós não estamos no universo para sofrer.

– Então por que é que eu fiz tanta maldade?

– Pela cegueira, pela ignorância e pela ganância.

– Meu Deus, tendes piedade de mim.

– Ele tem, fique tranquilo Gilberto – diz Isabel.

– Então quer dizer que aquele cara ao meu lado era o meu pai?

– Sim.

– E o outro?

– Este eu ainda não posso lhe falar nada sobre ele, mas posso lhe garantir que vocês ainda vão se encontrar.

– Ele está aqui no Umbral?

– Provavelmente – diz Alexandre.

– O que eu faço agora, Daniel?

– O que desejas que seja feito a você?

– Se me for permitido eu gostaria de reparar todos os meus erros e minhas faltas. E se possível eu gostaria de ajudar meu pai. Que Deus tenha piedade de mim.

– Sábio pensamento, meu filho, mas temos que rever algumas coisas ainda antes de você receber uma oportunidade de reparação, se é que ela lhe será permitida – diz Daniel.

– O que é que eu preciso fazer? Faço qualquer coisa para apagar tudo isso da minha vida, Daniel.

– Fique aqui com Alexandre e Isabel se recuperando. Em breve eu vou mandar alguém vir até aqui para te buscar.

– Para onde você vai me levar?

– Espere, recupere-se e logo você verá. Tenha paciência, Gilberto.

– Não posso ir agora? Estou bem, estou disposto e refeito.

– Você ainda não pode ir, espere, seja paciente. Ajude o Alexandre e a Isabel com os pacientes que aqui chegam. E não se esqueça de que você ainda é um médico, e médicos são muito úteis aqui nos postos de socorro.

– Está bem, Daniel, mas se me for permitido eu gostaria de ver outras vidas minhas e repará-las. Se é que há algo de pior do que acabo de assistir.

– Espere, ore e confie. Logo eu volto para te buscar. Você fez coisas boas também, Gilberto, e isso certamente é o que está pesando na sua balança pessoal. Somos o reflexo daquilo que fizemos quando encarnados. Suas atitudes, sejam elas boas ou ruins, tudo o que você fez quando encarnado é seu advogado aqui. Você será julgado por tudo o que fez. Se houver ainda algumas pendências, você receberá uma oportunidade reparadora. Se não houver oportunidade nenhuma aqui, você volta junto com os seus pares para repararem-se encarnados.

– É assim que funciona?

– Sim, justiça, Gilberto, justiça – diz Alexandre.

– Eu gostaria de ficar por aqui.

– Vamos ver – diz Daniel.

– Obrigado Daniel. Obrigado Isabel.

– De nada, Gilberto, de nada – diz Isabel sorrindo.

– Agora eu preciso voltar à Colônia para cuidar de algumas coisas. Até breve Gilberto – diz o mentor.

– Obrigado mais uma vez Daniel – insiste o rapaz.

– Obrigado Daniel – diz Isabel abraçando o jovem mentor.

– Daniel, eu posso lhe dar um abraço?

– Claro, meu filho – diz Daniel abrindo os braços e recebendo um caloroso abraço do jovem Gilberto.

– Agora vá ajudar o Alexandre e a Isabel com os pacientes que aqui estão.

– Pode deixar Daniel, eu vou ajudá-los com os pacientes.

– Até breve meus amigos.

– Até breve Daniel – diz Isabel.

Daniel deixa o posto de atendimento e volta para a Colônia Amor Caridade auxiliado por guardiões de luz que o esperavam no lado de fora do posto de atendimento.

"O ingresso para a felicidade é o amor."

Osmar Barbosa

OSMAR BARBOSA

Colônia Espiritual Amor e Caridade

Existem, no mundo espiritual, cidades espirituais; alguns chamam essas cidades de colônias espirituais; outros de mundos transitórios e por aí vai. A Colônia Amor e Caridade fica dentro da Colônia das Flores, que é uma das mais antigas Colônias Espirituais instaladas no Brasil. Ela fica acima do estado de Santa Catarina, adentra o estado do Paraná, Mato Grosso do Sul e um bom pedaço do estado de São Paulo. Como todos podem ver, a Colônia das Flores é bem grande. A Colônia Amor e Caridade foi criada há pouco tempo. Ela foi criada para oportunizar alguns espíritos a seguirem aprimorando-se evolutivamente. A Colônia das Flores é especializada no atendimento a pessoas que desencarnam vítimas de câncer. A Colônia Amor e Caridade também tem por especialidade socorrer as crianças vítimas da mesma doença. Além disso, é uma Colônia que auxilia alguns centros espíritas instalados no orbe terreno; alguns dos mentores desta Colônia auxiliam médiuns a desenvolverem um trabalho de orientação e auxílio aos doentes. Tudo se comunica segundo esses amigos.

Daniel é o presidente de Amor e Caridade. Ele foi frei e

viveu no Brasil. Hoje preside com competência e amor a Colônia Espiritual Amor e Caridade.

Outro espírito trabalhador incansável de Amor e Caridade se chama Marques, ele é o assessor direto de Daniel, ele é o espírito amigo que cuida de toda a agenda de Daniel. E é ele quem recebe o mentor nos portões de amor e caridade.

– Olá Daniel.

– Olá Marques.

– Como foi sua estada no Umbral?

– Foi como sempre – diz Daniel caminhando em direção ao seu gabinete.

– Você encontrou-se com o Gilberto?

– Sim.

– E como ele está?

– Está bem. Eu o deixei com o Alexandre e com a Isabel.

– Tenho saudades da Isabel.

– Ela está lá firme trabalhando bastante.

– E o posto está funcionando corretamente?

– Sim, o Alexandre tem feito um excelente trabalho por lá.

– Que bom Daniel.

– E como estão as coisas aqui na Colônia?

– Dentro da normalidade.

– Mande chamar o Felipe e a Nina, preciso falar com eles.

– Sim senhor – diz Marques se afastando de Daniel, que segue a passos firmes em direção ao prédio onde fica toda a administração da Colônia.

Após algumas horas, Nina e Felipe chegam ao gabinete de Daniel.

Daniel ouve algumas batidas na porta de sua sala.

– Entre.

Marques entra na frente e segura a porta aberta para que Nina e Felipe entrem.

Daniel se põe de pé para cumprimentar Nina, que lhe estende a mão direita.

– Oi Daniel – diz a jovem carinhosamente.

– Oi Nina – diz Daniel lhe indicando um lugar a sua frente para ela se sentar.

– Sente-se Felipe – diz o mentor.

– Obrigado Daniel. Como estás?

– Estou bem, e você?

– Estamos ótimos – diz Felipe sorrindo e olhando para Nina.

– Por que você mandou nos chamar, Daniel? – pergunta Nina.

– Com licença, eu preciso sair – diz Marques interrompendo a conversa.

– Pode ir Marques, e obrigado – diz Daniel.

Marques sai e fecha a porta cuidadosamente.

– Você se lembra do Gilberto e do Matias?

– Gilberto, Matias...

– Da segunda grande guerra, Nina! – insiste Daniel.

– Os médicos – diz Felipe.

– Sim, sim eu me lembro.

– Pois bem, o Gilberto está no posto de atendimento do Umbral.

– Meu Deus! Como ele foi parar lá?

– Isabel o acolheu – disse Daniel.

– Não acredito – diz Nina surpresa.

– Nessa nem eu acredito Daniel – diz Felipe.

– Pois é Nina. Isabel o acolheu. E pior, ele não sabe de nada.

– Meu Deus – diz Nina.

– E agora, Daniel?

– E agora, nós precisamos interceder e ajudar.

– Poxa vida, sério Daniel?

– Sério Nina.

– Ai meu Deus...

– Vamos, Nina, não custa nada – insiste Felipe.

– Você é muito esquecido né Felipe? – diz Nina.

– Não se trata disso – diz Felipe.

– Eu sinceramente acho que não haverá oportunidade melhor do que essa, Nina – diz Daniel.

– Preciso me organizar, Daniel – diz Nina.

– Fique à vontade, Nina – diz o Mentor.

– Estou pronto a ajudar, Daniel – diz Felipe.

– Sempre esperei por este dia, Daniel, mas como sabes eu cuido das crianças na enfermaria. Eu só preciso é organizar com a Soraya e Sheila para que eu possa ir com vocês resolver essa questão do Gilberto e do Matias.

– Nina, converse com o pessoal lá das enfermarias e assim que você estiver pronta e disposta eu vou montar uma caravana para ir com você e o Felipe para o posto de atendimento.

– Você não vai, Daniel?

– Não, eu não posso ir, tenho muitas reuniões aqui.

– Nós vamos, Nina – diz Felipe.

– Vá, Nina, com o Felipe, o Índio e o Negro. Se precisar de mais alguém é só você convocar, desde já você está autorizada a montar sua equipe. Leve quantos amigos vocês precisarem para esta missão.

– Vou me reunir com Soraya e Sheila e vou para o Umbral para encontrar-me com Gilberto e Matias.

– Isso é que são palavras, Nina – diz Daniel feliz.

– Não sei se vai ser fácil, Daniel, mas eu te prometo tentar superar tudo com amor.

– Você vai conseguir, Nina, tenho certeza disso – diz Daniel animado.

– Nós vamos conseguir, Nina – diz Felipe.

– Você se esquece das coisas muito rápido, Felipe – diz Nina.

– Não é questão de me esquecer, é que é melhor perdoar do que ser perdoado.

– Isso é verdade Nina, é melhor você ser a vítima do que ser o algoz.

– Eu sei disso, Daniel.

– Então se anime. Vá e resolva logo essa questão.

– Eu vou sim, pode deixar.

– Assim que se fala, Nina – diz Felipe.

– Obrigado pela oportunidade, Daniel.

– De nada Nina.

Nina e Felipe deixam o gabinete de Daniel e se dirigem à ala onde há várias enfermarias. Nina é a coordenadora desse setor.

Tudo está sendo preparado para que Nina e Felipe visitem Gilberto no posto de socorro e atendimento que a Colônia Amor e Caridade mantém no Umbral.

Os dias passam...

"Há lugares inimagináveis no Umbral."

Osmar Barbosa

No Limiar da Escuridão

O Umbral é um lugar de energias densas. Para que um espírito iluminado possa transitar pelas ruas, avenidas e cidades do Umbral é necessário que espíritos que estão habituados a essas energias os acompanhem, para evitar ataques dos espíritos que vivem nas sombras em busca de luz.

Nina, Felipe, Daniel e tantos outros iluminados, quando necessitam ir ao Umbral, precisam que espíritos os acompanhem para protegê-los desses inimigos naturais. É como aqui, onde existem determinadas regiões e lugares que pessoas normais não conseguem entrar a não ser que seja-lhe autorizada a entrada ou que esteja acompanhada de moradores do lugar.

Assim a caravana é montada para que Nina e os outros possam chegar ao posto de socorro e atendimento de Amor e Caridade.

O Índio convidado a acompanhá-los é o caboclo Ventania, experiente guerreiro que transita com muita facilidade pelo Umbral. Ele, e seu fiel amigo Negro, estão habituados a essas regiões. São espíritos respeitados pelos Kiumbas e Eguns que normalmente vivem nesse lugar.

Nina convida para a missão a amiga Sheila, que é uma médica que trabalha nas enfermarias da Colônia, e seu amigo Lucas, que, assim como Ventania, está habituado ao Umbral. Além, é claro, do inseparável Felipe, seu companheiro de muitas vidas.

Eles chegam ao Vale das Sombras, um lugar muito frio, onde há pouca luminosidade. Ventania e Negro vão a frente montados em seus cavalos, eles seguem como batedores assegurando nenhum perigo a Nina, Felipe, Sheila e Lucas, que vêm logo atrás. Nina está sentada ao lado de Felipe em uma carruagem que ela plasmou exclusivamente para essa viagem. Dentro da carruagem sentada está Sheila. Lucas segue ao lado em um cavalo marrom.

O lugar é medonho, há muitas árvores retorcidas e a vegetação é baixa. O capim parece queimado. As ruas estão enlameadas e o frio é algo constante no lugar.

– Está tudo bem aí, Felipe? – pergunta Lucas aproximando-se da carruagem.

– Sim, Lucas.

– O Ventania e Negro estão indo logo a frente. Assim que for possível, por favor, Nina, peça a eles para pararmos um pouco.

– Vá à frente e avise ao Ventania para parar um pouco, Lucas – sugere Nina.

– Posso?

– Sim, eu também estou muito cansada, afinal estamos cavalgando há muito tempo. É melhor pararmos um pouco.

– Eu também acho – diz Felipe.

– Então se você me permite, Nina, eu vou a frente falar com eles.

– Vá Lucas – diz Nina.

Lucas galopa rapidamente até chegar próximo ao Caboclo que cavalga lentamente ladeado pelo Negro.

– Olhe Ventania, o Lucas está vindo – diz Negro.

Ventania para de cavalgar e espera Lucas se aproximar.

Velozmente o rapaz se aproxima.

– Ventania, Nina deseja parar para descansar.

– Aqui não é seguro. Volte e avise a ela que mais a frente nós encontraremos uma cabana e poderemos descansar por lá.

– Sim senhor – diz Lucas manobrando o cavalo e galopando em direção aos seus companheiros.

Ventania volta a seguir viagem em direção à cabana.

– Você vai parar na cabana de Leônidas?

– Sim, vamos descansar por lá.

– Você avisou a ele?

– Sim, ele já está nos esperando.

– Que bom! – disse Negro.

Na cabana que está logo à frente da caravana, Leônidas está preparando tudo para receber os amigos.

Leônidas vive há muito tempo naquela região sombria do Umbral. Ele e sua companheira estão acostumados a receber espíritos missionários que visitam constantemente a região sombria do Umbral.

– Leônidas, quem é que está vindo para cá? – pergunta Janice.

– Um velho amigo meu.

– Ele tem nome?

– Sim, é o caboclo Ventania.

– Já ouvi falar dele.

– Ventania é um fiel amigo.

– De onde é que você conhece ele?

– Daqui mesmo. Logo que eu cheguei aqui há alguns anos foi ele quem me ajudou a construir essa cabana.

– Então isso tem bastante tempo mesmo.

– Você nem sonhava em vir para cá, Janice. Vá e separe água limpa para meus amigos.

– Quer que eu faça mais alguma coisa?

– Prepare algumas camas e roupas limpas para os meus amigos. Estou muito feliz em poder ajudar ao Ventania e aos seus amigos.

– Eles ainda vão demorar?

– Não, Janice, eles já estão por perto.

– Então me deixe preparar tudo.

– Vá e prepare tudo, por favor!

– Onde está Lisina?

– Ela foi até o rio pegar água.

– Mande-a limpar tudo, não quero causar má impressão aos meus amigos. Diga aos nossos amigos que temporariamente as estradas estão fechadas. Elas só serão reabertas após a passagem de Ventania e seus amigos.

– Pode deixar, Leônidas.

A pequena cabana fica no alto de uma colina onde há alguma luminosidade. Leônidas é na verdade um espírito missionário que vive na região para auxiliar outros espíritos que visitam aquele lugar para auxiliar e recolher espíritos que estão em sofrimento. A cabana fica estrategicamente no meio de uma das mais importantes estradas de acesso àquela região do Umbral. Ali, Leônidas detém poderes espirituais para auxiliar outros espíritos que trabalham combatendo Kiumbas e Eguns que insistem em invadir a região. Janice e Lisina trabalham junto com ele, auxiliando Leônidas.

Ele e Ventania são amigos há muitos anos.

Logo a caravana se aproxima do lugar e Leônidas se coloca de pé na estrada para esperar o amigo Ventania.

Ventania acelera seu cavalo quando avista o amigo de pé na estrada.

– Meu amigo – diz Ventania descendo de seu cavalo e abraçando Leônidas.

– Que bom tê-lo aqui, meu amigo.

O Negro desce e abraça o amigo.

– Meus amigos já estão vindo. Logo eles estarão aqui Leônidas! – diz Ventania.

– É um prazer ser útil a você, Ventania.

– Eu é que fico feliz em poder visitá-lo, meu amigo!

– Quantos são os amigos que estão vindo com você?

– Quatro trabalhadores da Colônia Espiritual Amor e Caridade.

– São iluminados?

– Sim, Leônidas, todos já alcançaram a luz.

– Que bom recebê-los aqui na minha humilde morada.

– Humilde, mas muito importante para o equilíbrio dos nossos soldados do bem.

– É verdade – diz o Negro.

– Que nada Ventania, faço apenas a minha parte.

– Espero em breve poder vê-lo ascender às Colônias superiores Leônidas.

– Quando for a minha hora, serei muito grato a tudo o que você fez por mim Ventania.

– Se eu tivesse que fazer tudo o que fiz por você naquele tempo, tenha a certeza que eu faria tudo novamente, Leônidas.

– Obrigado amigo. Olha, lá vêm eles – diz Leônidas feliz.

– Sim, são eles – diz o Negro.

Nina se aproxima em sua carruagem, ladeada por Lucas. Felipe acena para Ventania.

– Olha quanta luz – diz Leônidas. E como é linda aquela menina ruiva que está ao lado do cocheiro.

– Ele se chama Felipe.

– Eles são bem iluminados!

– Sim, a Nina é quem cuida das crianças lá na nossa Colônia. Lá dentro da carruagem ainda tem a Sheila, que é a nossa médica.

– Que legal. Ainda bem que eu preparei tudo. Há água fresca, roupas limpas e uma boa cama para todos descansarem. E ainda mandei a Lisina preparar um chá bem quentinho para todos.

– Obrigado, meu amigo – diz Ventania.

– Venha, Nina, pode se aproximar – diz o Negro em voz alta.

Nina se aproxima e fica feliz em ver Leônidas.

– Bons dias senhor!

– Bons dias senhora. Podem seguir até a cabana, há água, roupas limpas e um delicioso chá quentinho esperando por vocês – diz Leônidas feliz.

Todos seguem para a cabana. Ventania segue abraçado ao amigo saudoso.

Após descarregarem a carruagem, Nina e Felipe se sentam na varanda da cabana. O clima é frio e úmido.

Leônidas então chega acompanhado de Janice e Lisina.

– Olhem meninas essa é a Nina. Ela é mentora espiritual lá na Colônia do Ventania.

– Muito prazer em conhecer a senhora – diz Lisina estendendo a mão direita para cumprimentar Nina, que se levanta e abraça a menina.

– Olhem meninas, eu não sou melhor do que ninguém, portanto não me chamem de senhora, sou apenas uma menina de 24 anos.

Todos riem.

Janice abraça Nina, que sorri.

– Que roupas lindas essas que vocês estão usando – diz Nina.

– Nos vestimos especialmente para esse encontro, Nina.

– Nem precisavam, vocês são tão lindas naturalmente – diz Nina.

– São os seus olhos, Nina.

Felipe se aproxima e faz uma brincadeira com as duas.

– Se eu não fosse apaixonado pela Nina, certamente eu me apaixonaria por vocês meninas.

Leônidas intercede brincando:

– Elas já são apaixonadas por mim, Felipe.

Todos riem.

Sheila e Lucas se sentam também na varanda e todos descansam.

Lisina traz uma bandeja com várias xícaras com um chá preparado para a ocasião.

– Vocês querem beber um chazinho bem quentinho?

Todos agradecem e pegam uma xícara do delicioso chá.

Leônidas se senta ao lado de Ventania.

– Leônidas, como é viver aqui? – pergunta Nina.

– Não é tão ruim como aparenta, Nina. Eu na verdade trabalho aqui. Quando preciso de descanso visito Aruanda e descanso por lá.

– O que exatamente vocês fazem aqui?

– Aqui sou chamado de o guardião.

– É pude perceber que a sua cabana está posicionada exatamente no meio da estrada – diz Felipe.

– Pois bem, eu trabalho aqui cuidando da segurança desse lugar, temos que ter cuidado para que as falanges do mal não se organizem por aqui. Assim, eu e meus auxiliares trabalhamos separando o que presta do que não presta.

– Como assim? – pergunta Nina.

– Nós trabalhamos separando o que tem boa intenção do que tem má intenção.

– Perdoe-me, Leônidas, mas você pode nos explicar melhor? – disse Lucas.

– Sim, claro. Deixe-me explicar direitinho. Somos espíritos que trabalhamos assim como vocês iluminados, para nosso melhoramento, para nosso engrandecimento espiritual. Não permitindo que o mal se organize, conseguimos manter o equilíbrio tão necessário a essa região, tudo aqui é organizado, assim com tudo é organizado nas Colônias.

– Que legal – diz Lucas.

– Quer dizer que quando alguém tenta entrar nessa região para fazer o mal, vocês logo tomam conta para que isso não aconteça?

– Sim, Nina, essa é a missão dos guardiões que trabalham aqui no Umbral.

– E nas outras regiões do Umbral há também guardiões tomando conta? – pergunta Felipe.

– Estamos em todos os lugares – diz Ventania.

– Perdoe a minha ignorância, Ventania e Leônidas.

– Que é isso rapaz – diz Leônidas.

– Tudo o que existe no Universo está ligado a Ele. E o Deus das Colônias é o mesmo Deus do Umbral – diz Lisina.

– Isso todos nós sabemos Lisina. Nós que trabalhamos nas Colônias sabemos que todas as coisas do Universo estão interligadas para que todos os espíritos possam evoluir. Sabemos e respeitamos todos os tipos de energia – diz Sheila.

– Haverá o dia em que todas as religiões estarão unidas para que o progresso dos espíritos seja mais rápido – diz Ventania.

– Ele assim o quer – diz Nina se deliciando do chá servido com amor por Lisina.

– O chá está bom, Nina?

– Uma delícia, Janice. Uma delícia.

– Se vocês não se importam eu preciso descansar um pouco – diz Sheila se levantando.

– Eu também – diz Nina.

– Janice, mostre as camas e os quartos devidamente preparados para eles, por favor – diz Leônidas se levantando.

– Venha pessoal, venham descansar – diz Janice indicando porta de entrada da cabana.

Todos se levantam e entram na cabana, exceto Ventania, que permanece sentado ao lado de Leônidas.

– Você não vai descansar, meu amigo?

– Não estou precisando de descanso neste momento – diz o Caboclo.

– Ótimo, vamos ficar aqui conversando.

– Claro, meu amigo.

Ficam sentados na varanda Ventania, Leônidas, Lucas e o Negro.

– Então como estão as coisas por aqui?

– Bem tranquilas, Ventania, eu acho até que em breve eu vou poder ascender às Colônias superiores.

– Que boa notícia! – diz Ventania.

– Sim, Daniel tem conversado comigo e me disse que em breve eu receberei um outro espírito para assumir o meu lugar.

– Há quanto tempo você está aqui trabalhando como guardião, Leônidas? – pergunta Lucas.

– Cento e noventa e quatro anos. Tempo da Terra.

– E como tem sido essa experiência para você meu amigo? – pergunta Ventania.

– Como sabe meu amigo, estou muito perto de resgatar todas as minhas faltas. Fiz muita coisa errada e graças a Deus eu tive essa oportunidade aqui.

– Assim como nós que estamos também resgatando as nossas falhas, né Ventania? – diz o Negro.

– A de vocês é muito melhor se comparada a minha. Eu fico aqui preso a este lugar. Posso contar-lhe as vezes que me foi permitido sair daqui para descansar em Aruanda. Vocês não, vocês não estão presos a lugar algum. São livres.

– Isso é verdade, Leônidas. Eu não queria estar na sua pele – diz Ventania.

– Mas foi essa a única oportunidade que eu tive. E agora está prestes a acabar. Agradeço todos os dias por ela.

– E você vai para onde?

– Acho que vou ficar um tempo em Aruanda. E de lá ainda

não sei qual será o meu destino. Só não quero encarnar mais.

– Isso dificilmente vai acontecer com você, amigo – diz Ventania.

– Espero irmão, espero!

– Quando foi a última vez que você encarnou? – pergunta Lucas.

– Fui um soldado na guerra franco-turca, morava na França. Eu era um general francês.

– Quando foi isso?

– Em 1920.

– Mas o que foi que você fez de tão grave assim na guerra que lhe condenou a viver aqui por tanto tempo?

– Eu só estou aqui há oitenta e oito anos.

– E onde é que você estava antes disso?

– Fiquei durante muito tempo vagando pelo Umbral. Depois fui ajudado por Ventania e trazido para cá. Graças a esse amigão aqui ó, eu já estou muito perto da minha libertação.

– Mas você não é escravo aqui, amigo – diz Ventania.

– Realmente eu não sou escravo aqui, mas sou escravo dos meus sentimentos. O arrependimento nos escraviza, meu amigo. Enquanto eu não me ajustar não terei a permissão para seguir em frente.

– Estou aqui para lhe ajudar, Leônidas – diz Ventania.

– Ventania, se você não tivesse brigado por mim, se você não tivesse feito o que fez para que eu tivesse essa oportunidade, provavelmente eu ainda estaria vagando como alma penada pelo Umbral. Se não fosse a coragem que você teve para lutar pela minha oportunidade eu não sei o que seria de mim.

– O que eu fiz por você faço todos os dias por aqueles que precisam e merecem ajuda.

– Eu sei, meu amigo. Conheço muito bem o seu coração. Só não entendo por que tantos espíritos insistem em errar. Essas pobres almas desperdiçam milhares de oportunidades de evoluir todos os dias. Há milhares de centros espíritas espalhados sobre o orbe terreno pregando o evangelho vivo de Jesus e essas almas insistem no erro. Pobres almas.

– Nós já estamos cansados de falar, Leônidas – diz Ventania – estamos cansados de alertar aos médiuns nos centros espíritas. O que torna um espírito vencedor é o que ele transforma dentro de seu coração. Não adiantam nos ofertar coisas materiais e não mudar as suas atitudes e seus sentimentos. O mal nunca vencerá o bem.

– Mas infelizmente há pessoas que não compreendem

isso. Elas insistem em viver pelo erro – diz Leônidas.

– Por isso existem milhares de oportunidades evolutivas, cada um deve encontrar a sua – diz Ventania.

– Pior que é verdade – diz Lucas.

– Eu nunca pensei que seria um guardião. Nunca pensei que existisse o Umbral. Quando eu estava na guerra matando crianças e mulheres indefesas nunca imaginei que teria que viver assim para poder ajustar-me às coisas de Deus.

– Ainda bem que você recebeu a sua oportunidade – diz Ventania.

– É mesmo. Eu sempre encontro espíritos que lutaram comigo na guerra e que até hoje estão vagando pelo Umbral em sofrimento e lamentação.

– Espero que Deus tenha piedade dessas almas – diz Lucas.

– Piedade é uma palavra que não se usa aqui Lucas. Aqui a palavra de ordem é "ache seu caminho evolutivo e pare de sofrer".

– Vamos descansar que amanhã temos uma longa viagem pela frente – diz Ventania se levantando.

– Vamos sim – diz Lucas.

– Vou dar água aos cavalos e logo irei – diz o Negro.

– Amanhã conversaremos mais. Boa noite a todos – diz

Ventania se afastando.

– Boas noites amigos – diz Leônidas.

Todos descansam na cabana de Leônidas.

Embora seja desnecessário o descanso para os espíritos, quando eles estão no Umbral estão muito próximos do estado encarnatório, por isso é recomendado o descanso para o refazimento perispiritual. Para que sejam notados e respeitados, os espíritos condensam suas formas. Assim fica mais fácil eles conseguirem êxito nas missões no Umbral.

*"Os limites da evolução ainda são incompreensíveis
para as almas encarnadas."*

Osmar Barbosa

Outro dia

Leônidas, Janice e Lisina se levantam cedo para preparar um bom chá que é feito em uma fogueira acesa pelo Negro, que passou toda a noite em guarda no lugar. Embora o sol não apareça, todos sabem que começou um novo dia para os encarnados.

– Bom dia Negro!

– Bom dia Leônidas.

– Onde está Ventania?

– Ele saiu bem cedo. Ele foi inspecionar a estrada.

– Ventania sempre preocupado com todos.

– Isso é verdade – diz o Negro se sentando próximo a fogueira.

– Hoje continuaremos nossa missão.

– Lisina já está preparando um bom chá para todos tomarem antes de seguirem a viagem.

– Nina ainda não se levantou? – pergunta o Negro.

– Sim. Ela está arrumando suas coisas, logo sairá do quarto – responde Janice.

– De qualquer forma nós temos que esperar por Ventania.

– Enquanto ele não vem vamos nos sentar e apreciar um bom chá.

– Sim, vamos – diz o Negro.

Nina chega, se aproxima, cumprimenta a todos e se senta ao lado de Leônidas, próxima à fogueira.

Logo Ventania chega trazendo nas mãos uma lança feita de madeira afiada e com algumas penas coloridas penduradas.

– Que linda essa lança, Ventania – diz Nina.

– Obrigado Nina.

– Onde você a conseguiu, Ventania? – pergunta o Negro.

– Peguei com alguns amigos que encontrei no caminho.

– Índios?

– Sim, Nina, índios.

– O que eles faziam aqui?

– Eles estão guardando um grande amigo nosso.

– Quem esteve por aqui, Ventania? – pergunta Leônidas.

– Rodrigo.

– Nossa que honra tê-lo por essas bandas – diz Leônidas. E o que ele fazia por aqui?

– Ele está indo para o posto de socorro e atendimento assim como nós.

– O que será que ele vai fazer lá, Ventania?

– Ele irá participar da nossa reunião, Nina.

– Não acredito que Daniel conseguiu isso.

– O que, Nina? – pergunta Lucas.

– Nada, Lucas, nada!

– Como assim nada? Você ficou assustada com essa notícia.

– Conhecendo Daniel como eu conheço, ele provavelmente armou alguma coisa nessa reunião – diz Sheila se aproximando do grupo e se sentando ao lado de Nina.

– Para mim não vai ser fácil – diz Nina.

– Vamos nos manter unidos, confiemos em Daniel – diz Lucas.

– Não se trata de desconfiança Lucas, eu sei o que eu passei nas mãos de Gilberto e Matias – diz Nina.

– Calma, Nina, tenha calma – diz Felipe.

– Não estou sabendo de nada – diz Lucas.

– Você não viveu essa época ao nosso lado, Lucas. Naquele tempo você nem fazia parte da Colônia.

– Meu Deus, o que será que esses caras fizeram a você, Nina?

– Logo todos nós saberemos – diz Ventania cortando o assunto.

– Não importa o que tenha sido feito no passado, o mais importante para nós que estamos buscando a nossa própria luz é a oportunidade que temos de resolver essas questões que certamente lhe causaram muita dor, Nina – diz Leônidas.

– Assim que chegarmos ao posto tudo será resolvido – diz Felipe.

– Então o que vocês acham de começarmos logo a nossa caminhada? Afinal ainda estamos muito distante do nosso objetivo – diz Negro se levantando.

– Vamos sim – diz Nina.

Todos se levantam e começam a ajeitar as suas coisas.

Janice e Lisina chegam trazendo as sacolas com os pertences de Nina e Sheila que estavam no quarto onde elas descansaram.

Ventania se aproxima de Leônidas e o abraça.

– Obrigado pela acolhida, meu amigo – diz o índio.

– Eu é que agradeço a oportunidade de rever amigos tão queridos – diz Leônidas.

– Nós é que agradecemos o carinho de vocês, Leônidas – diz Nina se aproximando e abraçando Leônidas.

Visivelmente emocionado, Leônidas abraça a todos com ternura.

– Continue esse seu trabalho maravilhoso, meu amigo – disse Felipe se despedindo.

– Enquanto eu não terminar minha missão por aqui, vou fazê-la da melhor maneira possível, meus amigos.

– Esperamos em breve te ver lá na Colônia – diz Nina.

– Poxa, Nina, esse é realmente o nosso objetivo. Eu e as meninas já estamos há bastante tempo trabalhando aqui. Se tudo correr como previsto em breve ascenderemos planos superiores, e certamente eu vou passar por Amor e Caridade para abraçá-los.

– Será uma honra recebê-lo em nossa humilde Colônia, Leônidas. E vocês também meninas – diz Nina sorrindo.

Todos se abraçam e o grupo desce a pequena colina em direção à estrada que os levará ao posto de atendimento e socorro.

A viagem continua.

"Um dia todos nós retornaremos para o lugar de onde viemos. Onde tudo começou. Da nossa origem."

Osmar Barbosa

O Reencontro

Após dois dias, Matias passa pela cabana de Leônidas para descansar e é recebido por ele.

– Matias, onde você está indo?

– Fui convocado por Daniel para comparecer ao posto de atendimento da Colônia Amor e Caridade.

– Por quê? O que é que você vai fazer lá?

– Daniel me falou que devo comparecer a uma reunião. Disse ele que o meu filho desencarnou e que está me esperando lá. Estou ansioso para reencontrá-lo.

– Há quanto tempo você não vê o seu filho?

– Ele decidiu encarnar como médico ao meu lado e passar por uma prova muito dura. Eu desencarnei antes dele.

– Compreendo – diz Leônidas.

– E você o que faz por aqui?

– Como sabes, essa é a minha região. É aqui que trabalho.

– Ah sim, me perdoe.

– Que nada, meu amigo, fique a vontade.

– Estamos só de passagem – diz Matias.

– Pode ficar o tempo que quiser aqui, meu amigo.

– Na verdade eu admiro muito esse lugar e o seu trabalho aqui.

– Meu amigo, nós estamos auxiliando a humanidade. O auxílio tem que ser sempre mútuo. Não é porque eu cuido dessa parte que você não pode vir para cá. Você não quer parar e tomar um chá comigo?

– Claro que sim, não posso recusar esse convite.

– Obrigado amigo.

– Vamos nos sentar?

– Obrigado Leônidas. Estou mesmo precisando conversar com alguém. Estou a muitos dias caminhando sozinho – diz se sentando.

– Me conta uma coisa, por que o seu filho preferiu encarnar ao invés de trabalhar ao seu lado buscando a sua própria luz?

– Eu e o Gilberto já vivemos algumas encarnações de provas e expiação. Acontece que eu ascendi mais do que ele. Consegui, através das transformações íntimas, ascender a uma espiritualidade maior. Ele infelizmente não acompanhou a minha evolução.

– Sendo assim só houve um jeito...

– Sim, só através da encarnação é que ele consegue depurar-se das mazelas da alma. E reparar tudo o que fizemos.

– E agora?

– Agora, acredito eu, ele não precisará mais encarnar. Vamos ver. Eu ainda não sei de muita coisa. Fui impedido de acompanhar o desencarne dele.

– Mas você com todo seu conhecimento não conseguiu ver nada?

– Não. Eu compreendo que cada um tem que viver aquilo que precisa para evoluir. Meu filho, meu amado filho, precisou passar um tempo sem a minha proteção e companhia para poder alcançar sua evolução pessoal. Eu não sei há quanto tempo ele está desencarnado. Só sei que ele chegou e estou ansioso para reencontrá-lo.

– Mas você é mentor da colônia em que vive, poderia ter procurado saber notícias dele.

– Sim, eu até poderia fazer isso se quisesse, mas não quis. Estou indo ao encontro dele e certamente vou poder esclarecer tudo o que aconteceu.

– Você não acha que ele pode estar em sofrimento?

– Não acredito. Ele está no posto de atendimento. Certamente está sendo tratado e orientado. O pessoal de Amor e Caridade eu conheço há bastante tempo.

– Quando me foi confiado trabalhar em minha Colônia, eu agradeci pela oportunidade. Como sabes, sempre fui médico. Sempre usei a medicina para ajudar pessoas. No começo até que eu fiz muita coisa errada, mas depois que compreendi os motivos de ter estudado medicina e ter exercido ela, eu uso de todos os meus conhecimentos adquiridos para ajudar aos mais necessitados. Durante muitos anos eu errei. Reconheci os meus erros e agora sou um espírito iluminado. Agora eu ajudo muitas almas que chegam aqui desorientadas e sem entender muito bem o que lhes aconteceu.

– Seu trabalho é maravilhoso, meu amigo.

– Obrigado.

– Todos nós sabemos que só conseguiremos reparar nossas faltas com muita dedicação, transformação e trabalho. Muitos chegam aqui pensando serem os donos do pedaço e quebram a cara. Tudo aqui já está loteado e tem seus donos. Eu tomo conta de um grupo de mentores espirituais, tenho sobre a minha tutela e responsabilidade centenas de milhares de espíritos, que, assim como eu, encontraram nessa tarefa a forma mais rápida de resgatar seus débitos para com outros espíritos. Muitas pessoas estão equivocadas conosco. Não somos demônios ou diabos, somos espíritos como todos os outros espíritos da criação. Somos mentores espirituais que trabalhamos para auxiliar a humanidade.

Aquilo que fazemos de bom é bom para nós, aquilo que fazemos de ruim é ruim para nós, simples assim.

– É meu amigo, como tem gente equivocada – diz Leônidas.

– Eu sinceramente acredito que os tempos são outros. Acho que em breve as pessoas não vão mais perder o seu tempo com essa bobagem de demônios ou diabos. A humanidade está em evolução. Nós sabemos disso e estamos trabalhando para auxiliar as casas espíritas a se conscientizarem da necessidade evolutiva de cada um. Logo todos os médiuns saberão que o conhecimento é tudo. Eles saberão que ninguém aqui está disposto a andar para trás. Todos os espíritos que se encontram na erraticidade estão loucos pela evolução. Eu sofri muito. Pago até hoje pelos meus erros. Uso dos meus conhecimentos adquiridos para curar almas que chegam a Colônia feridas pelas decepções da encarnação. Suicidas, doentes, psicopatas, maníacos, assassinos e muitos outros chegam até mim dilacerados pelas maldades que praticaram durante a vida terrena. Se não fossem os conhecimentos que adquiri através das provas que experimentei, muitos deles estariam ainda no Vale das Sombras ou no Vale dos Suicidas sofrendo, achando-se ainda encarnados sem compreender seu estado atual. Graças a Deus e às coisas que aprendi eu consigo ajudar muitos espíritos.

– Eu sei disso, meu amigo. Você é sem dúvida um espírito muito importante.

– Você também, meu amigo, é um líder importantíssimo aqui no Umbral.

– Que nada, Matias, eu nem chego aos seus pés.

– Todos nós somos importantes nessa engrenagem chamada evolução.

– Isso é verdade – diz Matias.

– Você quer alguma coisa, meu amigo? – pergunta Leônidas.

– Não, meu amigo. Muito obrigado! Ficar aqui conversando com você já é o bastante.

– Sempre que você precisar, estou aqui!

– Obrigado Leônidas. Obrigado!

– Acho que você não vai se lembrar, mas eu vou te reavivar a memória.

– Do que você está falando?

– Se você me permite eu quero te mostrar uma coisa.

– Claro, meu amigo, fique à vontade!

Leônidas se senta ao lado de Matias e plasma na frente deles uma tela fluídica. Logo eles começam a assistir a uma cena que se passa em uma fazenda bem antiga. Vários negros são escravos e trabalham na roça de café. As negras lavam roupas em um pequeno riacho que passa por dentro da propriedade. Dois capatazes brancos chicoteiam um negro amarrado a um tronco no meio do terreiro, em frente ao cativeiro onde outros negros estão descansando. Crianças negras estão escondidas nas copas das árvores com medo de serem apanhadas pelos capatazes.

– Eu conheço esse lugar – diz Matias.

– Você se lembra dessa fazenda? – pergunta Leônidas.

– Sim, eu estive nessa fazenda em uma de minhas encarnações. Estou me lembrando.

– Então fique observando...

O negro já não aguenta mais tantas chibatadas e desmaia. O capataz de nome Antônio então para de bater.

– Está de bom tamanho a coça de hoje, Sebastião.

– Sim senhor Antônio.

– Desamarre o negro para que possam levá-lo para a senzala.

– Sim senhor.

Assim, Sebastião desamarra Lourenço, que é levado para dentro da senzala por quatro negras jovens que estavam escondidas dentro da senzala olhando o espanque.

Negro José, o mais velho dos negros daquela fazenda,

recebe Lourenço muito ferido e logo começa a cuidar do jovem rapaz.

– Quando é que você vai aprender a não mexer com Sinhá, Lourenço? Vê se toma jeito, nego. Preto não pode se envolver com branco – diz José colocando a cabeça de Lourenço sobre seu colo.

José é o curandeiro da senzala. Velho bruxo sabe como ninguém mexer com as ervas.

– Vai menina, traz saião e erva barbatimão.

Negra Maria traz as ervas que são colocadas em um pequeno pilão pelo negro José. Ele ainda adiciona alguns galhos de arruda. Logo ele começa a pilar e macerar as ervas, fazendo uma pasta.

Negra Maria, auxiliada por outras negras, coloca Lourenço sobre uma esteira deitado de costas. As feridas estão ensanguentadas e os cortes são profundos.

Negro José se aproxima e começa a colocar dentro das feridas a poção por ele criada. Algumas crianças se aproximam a fim de aprender a feitiçaria com o Negro José.

Leônidas interfere e pede para Matias parar as imagens.

– Espere aí... esse negro sou eu!

– Sim, você era o negro bruxo feiticeiro que curou muita gente. Foi nesta encarnação que você começou a aprender medicina.

– Sim, agora eu me lembro! Encarnei como negro na África e fui escravizado na Europa. Fui raptado quando eu ainda era um menino. Nunca mais pude ver os meus pais.

– Olhe cuidadosamente para o Lourenço!

– Não consigo reconhecê-lo.

– Olhe fixamente para o Lourenço. Foi aí que vocês começaram essa jornada de resgates mútuos. Olhe para Lourenço!

– É ele mesmo. O Lourenço é o Gilberto. Meu Deus!

– Veja há quanto tempo vocês estão ligados. Você se lembra que o Lourenço por amor envenenou Sinhá?

– Sim, eu me lembro perfeitamente. A tristeza tomou conta da fazenda e de toda a redondeza, Sinhá era muito querida por todos, e Lourenço num gesto de desespero pegou um pote de ervas que eu tinha preparado para envenenar o capataz e matou Sinhá. Ele pensava que se Sinhá não fosse dele não seria de ninguém. É verdade, meu Deus, como tudo é real em meus pensamentos. Eu me lembro também da guerra.

– Essa nem é bom lembrar – diz Leônidas.

– É por causa dela que estamos aqui – diz Matias.

– Você poderia ter feito tudo diferente, mas o Negro José, infelizmente para proteger Lourenço, foi além de seus limites.

– Eu me lembro dessa época sim.

– Pois bem, meu amigo, além de Gilberto você irá encontrar-se com outros espíritos que precisam conversar com vocês. Neste encontro muita coisa será revelada.

– Espera aí Leônidas, por que você está me falando tudo isso? O que tem você a ver com essa história?

– Eu infelizmente não poderei estar com vocês lá no posto de atendimento. Minha presença foi dispensada, pois não posso ainda deixar esse lugar. Mas quero que você saiba que tudo o que lhe será revelado é para que você e o Gilberto resolvam definitivamente as pendências com outros espíritos. Creio que você ainda não se lembra de tudo. Mas olhe atentamente para a imagem que eu vou te mostrar agora e você vai poder compreender por que estamos aqui conversando.

– Vamos lá – diz Matias olhando para a tela.

Passados alguns dias, o capataz de nome Antônio volta a senzala e ordena que Negro José vá trabalhar nas lavouras. Ele já não tem mais idade para o trabalho. Mesmo assim ele é obrigado a trabalhar. E o resultado de tamanho esforço é a sua morte.

– Caramba, foi assim que eu desencarnei?

– Sim, você foi obrigado a trabalhar. Antônio sabia de seus poderes e por inveja ele o obrigou a trabalhar até o dia de sua morte.

– Ainda bem que eu morri fazendo o bem para aqueles pobres coitados.

– Sim, você era um bom homem, eu é que infelizmente te obriguei a trabalhar até a sua morte.

– Você era o Antônio?

– Sim, foi nessa encarnação que nós nos conhecemos e desde então sempre que me é permitido eu lhe ajudo.

– Obrigado amigo.

– De nada Matias.

– Tens mais alguma coisa para me mostrar?

– Não, meu amigo.

– Então tenho que seguir viagem. Agora mais curioso ainda. Quero saber logo o que me aguarda no posto de atendimento.

– Suas surpresas serão agradáveis, espero!

– Seja o que Deus quiser – diz Matias se levantando apressadamente.

– Até breve, amigo!

– Vá com Deus, Matias.

Assim, após um longo e caloroso abraço, Matias segue viagem.

"O amor é o combustível de toda a evolução."

Osmar Barbosa

Ao Acaso

Nina segue em sua carruagem pelas ruas estrei-
tas do Umbral. Felipe a seu lado tenta acalmá-la,
Nina sente muito medo daquele lugar. Logo ela
relembra quando esteve ali para buscar a sua prima Soraya.

– Eu não gosto de vir ao Umbral, Felipe.

– Eu sei muito bem disso, Nina.

– Nós poderíamos ter vindo por outro caminho, assim
chegaríamos mais rápido ao posto de atendimento.

– Sim, mas o outro caminho é muito mais perigoso.

– Eu sei disso, mas já faz dois dias e ainda não chegamos
ao nosso destino.

– Nós já estamos perto, Nina. Hoje ainda chegaremos
ao nosso destino – diz Sheila que ouvia a conversa de Nina
e Felipe.

– É doutora, esse lugar me traz péssimas recordações.
Foi aqui que encontrei a minha prima sofrendo muito.

– Olha se não me lembro, Nina, afinal nós estávamos
juntas naquele resgate.

– É mesmo, Nina, a doutora Sheila estava com vocês quando chegaram aqui para resgatar Soraya.

– E demos de cara com você, né Felipe?

– Ora se não foi o melhor encontro da minha vida, Sheila!

– Ainda bem que você estava aqui, Felipe.

– Eu agradeço a Deus todos os dias pelo nosso reencontro, Nina – diz Felipe.

Nina ajeita-se no ombro de Felipe carinhosamente.

O Negro surge a galope pela estrada indo de encontro com a carruagem de Nina, que, assustada, levanta a cabeça para olhar melhor o que está acontecendo.

– O que houve, Felipe?

– Não sei, Nina. O Negro está vindo em nossa direção a galope.

– Pare a carruagem, Felipe – diz Sheila.

Felipe imediatamente freia os cavalos e para a carruagem à espera do Negro, que vem em sua direção.

Ele então se aproxima do grupo.

– Venham, desçam da carroça e sigam-me – diz o Negro saltando de cima de seu cavalo.

– Mas o que houve?

– Não me faça perguntas agora, Nina. Venham, vamos nos esconder naquela caverna a frente.

O Negro segura na mão de Nina e a puxa em direção a uma pequena e escura caverna que há a esquerda da estrada em que eles estão. Felipe ajuda Sheila a descer da carruagem e segue correndo atrás do Negro, que pede silêncio a todos.

– Fiquem quietos – diz o Negro entrando na caverna.

– Mas o que está havendo? – pergunta Felipe baixinho.

– Estamos sendo atacados.

– Por quem?

– Alguns Kiumbas estão querendo a luz de vocês.

– Meu Deus – diz Nina nervosa.

– E onde está Ventania?

– Ele está combatendo os Kiumbas.

– Meu Deus ajude ao Ventania – diz Sheila.

– Abaixem-se e fiquem quietos. Vou lá fora ajudar o Ventania.

– Tenha cuidado Negro – diz Nina.

– Fiquem calados. Não façam barulho.

– Boa sorte, meu amigo – diz Felipe, protegendo Nina.

Vários Kiumbas aparecem procurando pelo grupo de espíritos. Ventania surge logo atrás deles empunhando sua lança com fitas coloridas e espantando os inimigos.

Nina está muito assustada e Felipe a protege projetando o seu corpo sobre o corpo de Nina. Sheila, apavorada, se senta dentro da caverna e coloca a sua cabeça entre as pernas. Seus braços lhe cobrem as pernas.

Ventania continua lutando com o grupo de Kiumbas, mas o número de espíritos que se agruparam para atacar eles é bem maior do que o bravo índio pode suportar. O Negro se aproxima e começa a lutar com alguns Kiumbas, que rosnam perguntando onde está Nina.

– Onde está ela? – diz o líder do grupo de Kiumbas.

Ventania, como um bravo guerreiro, luta incansavelmente defendendo a porta da caverna onde estão os iluminados.

A batalha parece perdida.

Nina começa a chorar. Felipe a protege como pode.

O líder dos Kiumbas finalmente consegue entrar na caverna e se aproxima de Nina e Felipe.

– Vocês são da Colônia, não é? Vou sugar todas essas energias que vocês têm – diz o Kiumba se aproximando de Nina.

Felipe entra em luta corporal com o inimigo.

Nina desesperada começa a orar pedindo ajuda aos céus.

Sheila se mantém sentada sobre os braços imobilizada pelos sentimentos que lhe invadem o corpo.

Um relâmpago é ouvido por todos, vários Kiumbas caem

ao chão. Um enorme clarão ofusca a visão de todos que estão naquele lugar.

Matias surge no lugar.

– Graças a Deus as minhas preces foram ouvidas – diz Nina olhando para fora onde tudo está claro como a luz do dia.

Matias se aproxima dos Kiumbas vestido com uma roupa de cor violeta. Em seus ombros ele sustenta uma linda capa branca. A capa lhe cobre todo o corpo e chega até seus pés. Nas mãos Matias traz uma lança dourada que brilha como um holofote cegando todos os Kiumbas. Alguns outros espíritos acompanham o líder Matias.

Aproximadamente dezoito espíritos estão com ele, homens e mulheres.

Ventania reconhece o amigo e o cumprimenta.

– Saiam daqui seus malditos – grita Matias.

Alguns Kiumbas insistem em permanecer no lugar.

Em um gesto feito com o braço direito, Matias joga sobre alguns Kiumbas outro raio de luz que os cega, deixando-os caídos ao chão.

Nina sente-se segura com a presença de Matias.

– Pode se levantar Ventania – diz Matias.

O caboclo se levanta e se dirige a Matias para cumprimentá-lo.

– Obrigado por sua ajuda, amigo.

– Esses Kiumbas vivem infernizando o Umbral.

– Lamentavelmente, esses espíritos ainda não enxergaram que precisam evoluir – diz Felipe se aproximando.

– Venham todos para fora – diz o Negro.

Nina e Sheila saem da caverna. Matias olha fixamente para Nina e a reconhece.

– Você não é a Nina?

– Sim meu senhor, eu me chamo Nina.

– Conheço você! – diz Matias.

– Não me lembro do senhor – diz Nina.

– Por acaso vocês estão indo para o posto de atendimento da Colônia Amor e Caridade? – pergunta Matias.

– Sim, nós estamos indo para lá por ordem de Daniel.

– Esse Daniel vive aprontando – diz Matias.

– Qual é o nome do senhor? – pergunta Lucas se aproximando.

– Eu me chamo Matias.

– Dá para ver por suas roupas que o senhor é algo importante aqui – diz Sheila.

– Sim minha querida, tenho uma função estratégica aqui no Umbral e nos centros espíritas espalhados sobre o orbe terreno. Juntem as suas coisas e vamos caminhar juntos para o posto, estamos muito perto dele – sugere Matias.

– Podemos fazer isso, Ventania?

– Sim Felipe. É mais seguro caminharmos juntos até o nosso destino.

– Onde você estava, Lucas? – pergunta Nina.

– Fiquei segurando os cavalos enquanto Ventania lutava com os Kiumbas.

– Você estava era escondido com medo – diz Felipe.

– Ele estava mesmo cuidando dos cavalos Felipe – diz Ventania.

– Alguém tinha que segurar os animais, se não como é que conseguiríamos seguir viagem? – diz Lucas.

– É verdade – diz Sheila.

– Venha Nina, vamos juntos – diz Felipe se aproximando de Nina.

– Peguem a carruagem da menina – ordena Matias.

Logo os amigos de luz que acompanham Matias trazem a carruagem de Nina. Ela sobe e se senta ao lado de Felipe, para juntos continuarem a viagem até o destino final.

– Simpático esse Matias, quanta luz ele tem né? – diz Sheila.

– Sim. – diz Nina – Uma vez Daniel me explicou da necessidade desses trabalhadores, são espíritos que evoluíram e ajudam os que estão em sofrimento aqui no Umbral e nas regiões periféricas. Estranho ele dizer que me conhece, eu não me lembro dele.

– Na verdade, sem eles nós não conseguiríamos estar aqui – diz Felipe.

– Ainda bem que ele apareceu para nos salvar.

– Foram as suas preces, Nina – diz Sheila.

– Espero que tenham sido mesmo. O que é que vai acontecer com aqueles que estavam nos atacando?

– Provavelmente o líder deles vai cuidar para que eles continuem fazendo o mal.

– Existem muitos espíritos que só querem fazer o mal, eles se fingem de bonzinhos, são gentis, doces como uma uva. Mas por trás escondem-se espíritos de baixa nobreza. Espíritos malfazejos que só querem atrair para perto de si outros espíritos que, assim como eles, vibram no mesmo desejo e sentimentos.

– É assim que funciona aqui, Ventania?

– Sim, Nina, faço das palavras do Felipe as minhas.

– E tem mais, Nina, não é só aqui que eles estão. Muitos estão encarnados fazendo todo o tipo de maldade, afastando pessoas de bem do objetivo maior. Eles se fingem de bons, mas na verdade são verdadeiros Kiumbas disfarçados de gente boa.

– Meu Deus – diz Sheila.

– Eu mesmo conheço alguns – diz Ventania.

– E onde eles estão, Ventania?

– Em todo lugar. São falsos, mentirosos, caluniadores, invejosos, malfazejos, sem escrúpulos, imorais, fingem-se de bonzinhos, falam manso, vestem-se como cordeiros, mas são verdadeiros lobos.

– Como os reconhecer então, Ventania?

– Reconhece-se o verdadeiro cristão por suas transformações morais, meu amigo Felipe! – diz Ventania.

– Quantas chances desperdiçadas – diz Nina.

– Olhem, estamos chegando – diz o Negro.

Nina sorri aliviada.

"Onde há esperança, há Deus esperando para acolher seus amados filhos."

Osmar Barbosa

Posto de Socorro e Atendimento Amor e Caridade

O movimento é grande no posto de atendimento. Gilberto, vestido de branco, auxilia Alexandre e Isabel no atendimento dos feridos que ali chegam. Muitos espíritos chegam nessa condição no Umbral.

Eles nem percebem que uma enorme caravana se aproxima do lugar.

Já se passaram oito anos. Gilberto está familiarizado ao lugar. Ele coordena duas das quatro enfermarias que existem ali. Os pacientes mais graves normalmente são tratados por ele. Gil, como é chamado carinhosamente por todos que trabalham ali, é muito querido e comprometido com o trabalho de socorro aos mais necessitados.

Ventania é o primeiro a chegar ao lugar.

– Bom dia!

– Bom dia Ventania – diz Alexandre surpreso e feliz com a visita, abraçando o amigo.

– Entre meu amigo – diz o rapaz.

– Eu vim com alguns convidados do Daniel para a reunião.

– Sim, Daniel nos avisou que você viria, mas o Daniel ainda não chegou.

– Estamos em uma caravana grande, há vários amigos lá fora.

– Nos fundos do posto há uma sala um pouco maior, leve os seus amigos para lá, fiquem à vontade. Assim que eu terminar o atendimento aqui eu vou até lá para falar com vocês, pode ser Ventania?

– Sim, Alexandre, vou ficar lá atrás te esperando.

– Obrigado amigo.

Ventania volta ao local onde todos estão, e os convidam a ir para a sala nos fundos do posto de atendimento.

Ao chegar à sala, Nina procura logo sentar-se a uma mesa e beber um pouco de água.

Felipe, Lucas, Sheila e Matias se sentam ao seu lado.

Ventania permanece de pé à porta principal.

– Ainda bem que chegamos todos bem – diz Nina.

– Sim – concorda Sheila.

– Você realmente não se lembra de mim, Nina?

– Não senhor Matias, por acaso é de alguma encarnação minha?

– Sim, Nina, nós já nos cruzamos em uma encarnação nossa.

– E quando foi?

– Foi há algumas dezenas de anos atrás.

– Deve ser por isso que eu não me lembro. Você usava esta forma que se apresenta agora?

– Não. Eu era um negro, bruxo e feiticeiro que era escravo na fazenda em que você era Sinhá.

Nina fica séria e calada.

– Não fique assim, Nina. O Gilberto não teve intenção de fazer o que ele fez. Ou melhor, o Lourenço.

– Como assim não teve a intenção, Matias, ou melhor, senhor José! – diz Nina lembrando-se do negro escravo e feiticeiro.

Felipe se aproxima, pois percebe que Nina ficou chateada.

– Nina, eu nada pude fazer, Gilberto agiu por ciúmes. Foi o ciúme que o cegou naquele dia.

– Aquela foi uma encarnação que eu havia programado viver ao lado dos meus pais e auxiliá-los a evoluir. Gilberto, ou melhor, Lourenço, não tinha o direito de tirar a minha vida. Eu tive que reencarnar mais três vezes para poder cumprir o que ele não me permitiu realizar.

– Eu sei, Nina, eu mesmo estou afastado dele há alguns anos. Andei procurando pelo meu filho por vários lugares sem nunca ter encontrado com ele. Lourenço não tinha o direito de fazer o que fez com você.

– Mas foi com as suas ervas que ele me envenenou. Se você não fosse o feiticeiro que era, e não tivesse aquele pote com as ervas que me mataram, ele não teria feito o que fez.

– Na verdade, Nina, eu tinha preparado aquele veneno para o capataz que me espancou e me obrigou a trabalhar na roça até os meus últimos dias de vida. Mas eu nunca fiz mal a ninguém. E é por isso que trabalho aqui como guardião, aqui eu uso os meus conhecimentos para ajudar. Eu trabalho desmanchando feitiçarias e refazendo perispíritos danificados pela magia. Tudo o que aprendi eu uso para o bem das almas que aqui chegam dilaceradas pelas malditas energias do mal.

Nina ouve a tudo calada.

– Não tenha raiva de mim – diz Matias.

– Não consigo sentir raiva de ninguém, Matias. No estágio em que eu me encontro não sei mais o que é raiva. Eu só não gostaria de me encontrar com você e com o Lourenço agora. Acho que haverá um momento apropriado para isso. E também acho que esse não é o lugar correto para esta conversa. Mas Daniel me pediu que viesse aqui para encontrar-me com você. Aqui eu estou, e cadê ele? Ele me disse para montar uma caravana e vir até aqui, e me disse que não poderia estar no posto de socorro. Agora vocês estão me informando que Daniel está vindo para cá para uma reunião, estou ficando confusa.

– Quem Nina? – pergunta Lucas.

– Cadê Daniel? – insiste Nina.

– Ele vai vir? – pergunta Sheila.

– Sim, ele marcou esse encontro aqui comigo, aliás com todos nós. Pediu-me que viesse com vocês para essa reunião.

– Então vamos esperar, certamente ele deve estar atrasado – diz Lucas.

– Daniel, atrasado? Você está de brincadeira né Lucas? – diz Felipe.

– Nina, me deixe só te dizer uma coisa: o Lourenço te assassinou em um momento de desespero, eu sinceramente acredito que você já o perdoou. Eu mesmo há pouco tempo deixei a condição que eu me encontrava para encarnar e ser o pai dele. Isso faz muito pouco tempo. Dei um duro danado, primeiro que reencarnar não estava em meus planos, segundo que apesar de trabalhar bastante eu tenho certo privilégio aqui, sou líder de uma falange com milhares de espíritos que trabalham em meu nome, somos os guardiões das Colônias e do Umbral. Nós estamos fazendo a nossa parte. Quando eu reencarnei, trabalhei duro para me formar em medicina e ser exemplo para Gilberto, ou Lourenço, se assim preferir. Não agradei todo mundo nessa minha última encarnação, porque o meu objetivo era ser o exemplo para ele, que reencarnou ao meu lado. Ele foi meu filho nessa última vida. Logo que consegui atingir o meu objetivo, desencarnei ainda muito novo e reassumi meu posto aqui, desde então não acompanhei mais Gilberto, minha parte eu havia feito. Agora Daniel me procurou e marcou este encontro aqui entre nós todos. Eu ainda não sei muito bem o que Daniel vai me pedir desta vez, já que o meu compromisso com o Gilberto acabou quando reencarnei e o ajudei a melhorar-se. Após várias encarnações fazendo o mal, felizmente eu tive a oportunidade de me ajustar.

– Eu já te disse Matias, não guardo nenhuma mágoa do Lourenço. Eu só acho desnecessário este encontro – diz Nina.

– Vai ver Daniel tem mais alguma coisa para revelar a vocês, Nina – diz Lucas.

– É, quem sabe – diz Nina.

– Nós só saberemos disso quando o Daniel chegar – diz Felipe.

– Daniel não costuma se atrasar para os encontros marcados conosco – diz Sheila.

Ventania vai até a recepção do posto de atendimento e é recebido por Isabel.

– Olá Isabel!

– Oi Ventania.

– Você sabe me dizer a que horas o Daniel vai chegar?

– Olha, não sei te informar não, mas chegou um rapaz aqui agora acompanhado de uma moça chamada Maria. Eles são do posto de socorro da Colônia do Moscoso, e também estão aguardando a chegada de Daniel.

– É o Nicodemos?

– Sim, é esse o nome do rapaz.

– Onde eles estão?

– No refeitório.

– Eu posso ir até lá?

– Claro, Ventania, o refeitório fica na segunda porta à esquerda, entrando aqui neste corredor – diz Isabel sinalizando com o braço direito e indicando o caminho que o Caboclo deve seguir.

– Obrigado!

Ventania então se dirige à sala indicada e entra apressado.

– Nicodemos?

Ao ouvir a voz de Ventania, Nicodemos se vira para olhar quem está chegando ao lugar.

Surpreso e feliz, ele se coloca de pé para abraçar ao amigo que acaba de chegar.

– Olha se não é meu velho amigo, o caboclo Ventania!

Os dois se abraçam calorosamente.

– Meu amigo – diz o índio.

– Quanto tempo hein?

– Sim, faz muito tempo que eu não o vejo.

– Sente-se, quer beber alguma coisa? – oferece Nicodemos.

– Não amigo, obrigado.

– Olha, essa aqui é a Maria, minha fiel parceira de socorro aqui no Umbral.

Ventania estende a mão direita e cumprimenta Maria, que sorri para o lindo Caboclo.

– Sente-se Ventania, sente-se – insiste Nicodemos.

Ventania se senta ao lado de Nicodemos e Maria.

– Mas o que fazes aqui meu amigo?

– Vim para a reunião com Daniel – diz o índio.

– Nós também viemos para essa reunião – diz Nicodemos.

– O que será que o Daniel está aprontando desta vez?

– Não faço a mínima ideia – diz Nicodemos.

– Você ainda está trabalhando em Amor e Caridade?

– Sim – diz Ventania – Dificilmente eu sairei de lá.

– Daniel foi sensacional com você, não é meu amigo?

– Sim, a oportunidade que ele me deu eu jamais conseguiria se não fosse o coração bondoso desse ser iluminado que é Daniel.

– Realmente ele vem fazendo um trabalho espetacular em Amor e Caridade. Essa Colônia tem sido referência para as demais Colônias espirituais do Brasil. Nós mesmos lá do Moscoso estamos tendo seminários sobre o jeito de trabalho revolucionário que a Colônia Amor e Caridade implementou aqui no Umbral e nos centros espíritas espalhados sobre o Brasil. Dizem até que há planos de se expandir os ensinamentos de amor e caridade para outros países.

– Sim, há um projeto que o Daniel está implementando para que o espiritismo explicado de forma simples chegue a outros continentes.

– É chegada a nova era, como nosso querido amigo e orientador nos revelou.

– É verdade – diz Maria – o Espiritismo tem que chegar aos mais simples. Linguagens rebuscadas atrapalham a divulgação e deixam de atingir o objetivo maior.

– Nossos objetivos serão atingidos muito em breve, Maria – diz Nicodemos.

– Amor e Caridade é a pioneira nesse trabalho. Estamos em centenas de casas espíritas ensinando o evangelho de Jesus de uma forma simples, sem dogmas, sem rituais e quebrando velhos tabus.

– Vocês estão de parabéns, Ventania.

– Obrigado Nicodemos!

– Mas mudando de assunto, você por acaso sabe o motivo desta reunião aqui no Umbral?

– Olha, como você sabe meu amigo, eu sou um dos guardiões de Amor e Caridade, nós geralmente somos os primeiros a saber tudo o que acontece na Colônia.

– Então me conte, Ventania, por que Daniel marcou essa reunião aqui? E por que nós do Moscoso fomos convidados?

– Eu até poderia supor os reais motivos desta reunião, mas confesso que desta vez ninguém está sabendo o que vai acontecer aqui hoje.

– Meu Deus, por que tanto mistério? – diz Maria.

– Não faço a mínima ideia do que vai acontecer aqui hoje meus amigos – diz Ventania.

Neste momento, Gilberto entra no refeitório.

Todos se viraram para olhar a entrada do rapaz no lugar. Alguns enfermeiros estão sentados descansando.

– Boa tarde – diz Gilberto.

Todos cumprimentam o jovem médico.

– Esse não é o Gilberto, Maria?

– Sim, ele é aquele rapaz que vivia nos pensamentos do Arruda, lembra?

– Sim, claro que sim, ele é quem o Arruda perseguia para se vingar – diz Nicodemos.

– Quem é esse Arruda? – pergunta Ventania.

– Arruda é um bobalhão que vive perto do nosso posto de socorro. Ele dizia-nos que estava se melhorando, mas esses espíritos esquecem-se de que nós que temos alguma luz podemos ler seus pensamentos. E esse Arruda queria a todo custo se vingar deste rapaz.

– E vocês nunca fizeram nada para impedir?

– Você sabe, Ventania que nós só podemos interceder por ordem D'Ele. Todos os espíritos são livres.

– Eu cheguei a emanar energias positivas para o Arruda no momento em que ele expelia seu ódio sem que ele percebesse – diz Maria.

– Sim, eu também fiz isso várias vezes. Na verdade, eu nem sei se o Arruda teve sucesso em sua empreitada vingativa – diz Nicodemos.

– É, eu acho que ele não conseguiu não – diz Maria.

– Mas com certeza é esse o rapaz que ele atormentava – diz Nicodemos olhando para Gilberto, que percebe que eles estão falando dele e se aproxima.

– Oi pessoal!

– Olá rapaz – diz Ventania.

– Desculpe-me perguntar, mas vocês não são daqui?

– Eu sou o guardião da Colônia Amor e Caridade e esses são os meus amigos, Nicodemos e Maria, da Colônia do Moscoso.

– Olha que bom conhecer alguém da Colônia, afinal eu já trabalho aqui há algum tempo e quase não conheço ninguém de lá.

– Quem você conhece da Colônia? – pergunta Ventania.

– Eu só conheço o Daniel, o Alexandre e a Isabel.

– Pois agora você está me conhecendo. Muito prazer! – diz Ventania lhe estendendo a mão.

Gilberto aperta a mão direita de Ventania com um leve sorriso no rosto.

– Muito prazer amigo! – diz o rapaz.

– O prazer é nosso – dizem Nicodemos e Maria, cumprimentando também Gilberto.

– Você não quer se sentar conosco? – diz Maria.

– Claro que sim, é um prazer conhecê-los – diz Gilberto se sentando.

Ventania se lembra da história do Lourenço e fica calado.

Ele começa a ligar os fatos. Provavelmente Daniel vai promover o encontro de Nina com o Lourenço, mas ele não consegue entender por que Nicodemos e Maria estão neste encontro.

Alegremente todos se distraem conversando.

"Nossa mente ainda é incapaz de compreender a grandeza de Deus."

Osmar Barbosa

A Vida Contada pela Vida

Daniel finalmente chega para a tão esperada reunião. Ele, o Cigano Rodrigo, seu auxiliar Marques e Soraya chegam ao lugar sombrio acompanhados de oito índios que fazem a segurança dos espíritos iluminados.

– Finalmente Daniel chegou – diz o Negro olhando para a estrada.

Ventania é chamado pelo Negro.

– O que houve? – diz Ventania se aproximando.

– Daniel está chegando.

– Por onde?

– Pela estrada ao sul.

– Vamos lá para recebê-lo – diz Ventania caminhando em direção ao sul.

Logo ele encontra-se com os demais índios que fazem a segurança do grupo.

– Olá Daniel!

– Olá Ventania.

– Olá Rodrigo – diz o índio.

– Olá meu grande amigo.

Rodrigo vem montado em seu cavalo Hió, companheiro de várias encarnações. Daniel vem montado em um cavalo de cor marrom, manso e que tem algumas manchas brancas no pelo.

Soraya está sentada em uma pequena carroça ao lado de Marques, que é o cocheiro.

– Até que enfim vocês chegaram – diz Ventania.

– Tivemos alguns contratempos no caminho, Ventania – diz Rodrigo.

– O que houve?

– Nada de importante, Ventania.

– Os rapazes deram conta do recado?

– Sim, os nossos amigos índios são espetaculares quando o assunto é segurança aqui no Umbral.

– Que bom – diz Ventania orgulhoso.

– Todos estão me esperando?

– Sim Daniel. Estão todos muito ansiosos para saber o real motivo desta reunião.

– Logo vocês saberão!

Daniel desce de seu cavalo auxiliado por Rodrigo, que já havia descido de Hió e esperam que Soraya e Marques se juntem ao grupo para seguirem em direção ao pequeno Hospital montado no Umbral.

Daniel orgulhosamente olha para Rodrigo e o pergunta:

– O que você achou da construção deste posto de apoio aos nossos tarefeiros aqui do Umbral, Rodrigo?

– Achei a ideia magnífica, Daniel.

– Lutei muito para conseguir nos estabelecer aqui.

– Imagino – diz Rodrigo.

– São muitos postos de apoio e atendimento aqui no Umbral. Isso aqui está virando um grande hospital espiritual.

– É verdade Rodrigo. A cada dia que passa, aumenta a necessidade de nossa presença aqui no Umbral. A humanidade está cada dia mais perdida. Estamos precisando é de outro Messias para guiar essas almas perdidas.

– E será que vai demorar muito para isso acontecer, Daniel?

– As providências já foram tomadas. O planeta Terra está a caminho da regeneração. Os postos de atendimentos aqui no Umbral são uma realidade. Alguns estão até sendo ampliados. Há de se fazer necessário um reforço na psicosfera do planeta para suportar tanta crueldade e maldade das almas que já perceberam o seu exílio.

– Isso é mesmo necessário, Daniel? – Pergunta Soraya se aproximando.

– A atmosfera psíquica que envolve todos os seres encarnados está em baixa vibração, prejudicando o meio ambiente espiritual da Terra. Por isso, milhares de espíritos chegam aqui destroçados, mutilados pelas armas de fogo usadas para matar nos dias de hoje. Antigamente o que recebíamos aqui eram espíritos que morreram esfaqueados ou por tiros de armas, que, embora tenham sido letais, danificavam muito pouco o corpo humano e o perispírito. O homem em sua busca incansável da fortuna, dos prazeres materiais e da ganância acabou criando armas muito mais poderosas, armas que destroem totalmente o corpo físico e que criam sérias lesões ao corpo espiritual. Chegam aqui perispíritos totalmente destroçados pelos tiros de fuzil, granadas e das armas químicas comumente utilizadas nos dias de hoje. Daí surgiu a necessidade dos postos de atendimento e socorro aqui do Umbral serem muito semelhantes a hospitais de alta tecnologia.

– Meu Deus! – diz Marques.

– É Marques, eu mesmo tenho visto verdadeiros zumbis clamando por socorro nas estradas que dão acesso ao Umbral – diz Ventania.

– Quando será que a humanidade vai acreditar que a vida não termina com o fim da vida na Terra. Quando será que o amor estará acima de tudo, Daniel? – diz Soraya.

– Um dia, Soraya, um dia.

– Tenho fé que é chegada a hora das mudanças, Daniel. Em minhas orações tenho pedido a Jesus que interceda ao Criador para que as almas encarnadas acreditem mais nas revelações que o espiritismo está trazendo para a humanidade. Tenho pedido a ele que mais médiuns sérios encarnem com a missão de escrever mais livros contando a todos como tudo é por aqui.

– Por que será que eles têm tanta dificuldade em acreditar nisso, Rodrigo? – pergunta Marques.

– Tenham muita calma meus amigos. Tenham calma! Ele que tudo sabe e tudo vê já está tomando as devidas providências. Lembre-se que se fosse alguns anos atrás, este livro que estamos escrevendo agora junto com esse médium, não passaria do caderno ao qual ele está sendo escrito. Felizmente nos dias atuais, as nossas histórias estão chegando às prateleiras das livrarias e recheiam as cabeceiras das centenas de milhares de camas onde espíritas, admiradores, simpatizantes e não espíritas estão podendo receber essas informações. São informações preciosíssimas de como as coisas acontecem após a morte do corpo físico. Há algum tempo atrás se acreditava que quando se morria você iria para o céu se você fosse uma pessoa boazinha ou para o inferno se você fosse uma pessoa má. Agora todos se questionam sobre o que acontece depois da morte. Ainda há muito tabu sobre tudo isso. Mas uma coisa é certa: todos estão buscando essa resposta, e isso é muito bom para todos.

– Verdade Daniel – diz Soraya.

– Veja, estamos chegando – diz o índio que ouvia tudo calado.

– Onde estão todos, Ventania?

– Alguns estão no pequeno auditório que fica nos fundos do posto de atendimento. Outros estão lá dentro do hospital.

– Então reúna todos no auditório, por favor.

– Sim Daniel. Vá indo para o auditório que eu vou lá dentro chamar o resto do pessoal.

Daniel, seguido por Rodrigo, Marques e Soraya se dirigem ao auditório.

Nina está sentada ao lado de Sheila quando percebe a presença do iluminado amigo.

– Oi Daniel.

– Oi Nina.

– Que bom que você chegou, estamos todos ansiosos por sua presença!

– Tivemos alguns contratempos no caminho, mas finalmente chegamos.

– Oi Rodrigo! – diz Nina.

– Oi Nina.

Rodrigo é um cigano. Ele é alto, mede aproximadamente um metro e oitenta, tem cabelos negros e lisos, seu corpo é atlético e seus olhos são azuis. Soraya, assim como Rodrigo, está vestida com uma roupa de cigana, o que chama a atenção de Nina.

– Oi Soraya, por que você está vestida assim?

– Assim como?

– Como cigana, ora!

– Por que, estou feia?

– Não prima, não se trata disso. É que você não é cigana!

Soraya sorri.

– Olha Nina, foi como Daniel lhe falou, nós tivemos um contratempo no meio do caminho, daí eu me vesti de cigana para passar-me como cigana e fugir do perigo.

– Nossa gente, o que houve?

– Posso contar, Daniel? – pergunta Soraya.

– Conte enquanto ou outros não chegam – diz Daniel cumprimentando Matias, que estava de pé e de braços abertos à espera do cumprimento de Daniel. Felipe abraça o mentor com carinho enquanto Sheila lhe sorri ao lado de Lucas.

– Conta logo, Soraya! – diz Nina ansiosa.

– Nós estávamos a caminho quando fomos surpreendidos por um bando de Eguns que queriam a todo custo a nossa carroça. Daí o Marques tentou afastá-los, o que foi inútil.

– E onde estavam o Rodrigo e Daniel? – pergunta Lucas.

– Eles estavam bem a frente.

– E os índios não estavam com vocês?

– Havia uns dois índios conosco, o restante estava com o Daniel.

– E o que você fizeram? – perguntou Sheila.

– Eu corri e me escondi atrás de uma árvore, que embora sem folhas tinham muitos gravetos, e eu consegui me esconder lá atrás.

– E o Marques, o que fez?

– Ele coitado já estava completamente imobilizado pelos Eguns. – diz Soraya.

– E o que você fez?

– Eu me vesti de cigana, plasmei um pandeiro e comecei a tocar uma música cigana.

– E o que aconteceu?

– Aconteceu que o Rodrigo ouviu e veio correndo ao nosso encontro.

– Nossa!

– Os Eguns quando perceberam a presença do Cigano começaram a correr. Fugiram rapidinho, deixando Marques e os outros índios em paz.

– Como assim, Rodrigo? Como assim você está com todo esse poder, meu amigo? – diz Nina brincando.

Todos riem.

– Não se trata de poder, Nina, e sim de respeito. Eguns morrem de medo de ciganos.

– Estou brincando Rodrigo, é que eu fico aqui imaginando a cena. Soraya tocando um pandeiro e os Eguns morrendo de medo correndo.

Risos.

– Realmente foi uma cena muito engraçada, porque eles quando ouviram o pandeiro e não me viram, provavelmente acharam que um bando de ciganos estava se aproximando e, morrendo de medo, começaram a correr.

– Imagina a cena – diz Felipe sorrindo.

Daniel permanece calado, alegre vendo que todos estão descontraídos e felizes.

Ventania chega trazendo consigo Gilberto, Nicodemos e Maria.

Nina não demonstra mais a alegria de minutos atrás.

Daniel se senta na mesa principal que fica na parte superior do lugar. Há uma pequena elevação que se parece com um palco, mas que na verdade serve para que a mesa principal fique elevada em relação às outras mesas que existem no lugar.

Nina se senta ao lado de Felipe e Sheila.

Rodrigo se senta ao lado de Daniel, onde Matias é convidado a sentar-se também.

Emocionado com as presenças Gilberto, ou melhor, Lourenço, não consegue conter as lágrimas e se lança ao abraço carinhoso de Matias. Ambos estão extremamente emocionados.

Maria e Nicodemos se sentam ao lado de Ventania.

Lucas fica ao lado de Alexandre e Isabel.

– Tenha calma Lourenço, nós estamos aqui reunidos para finalmente terminar uma parte de seu processo evolutivo – diz Daniel.

– Perdoem-me as lágrimas, é que encontrar-me com José e Nina aqui mexeu muito com meus sentimentos – diz o rapaz.

– Tenha calma, nós temos uma longa conversa com todos os que estão presentes e envolvidos com você Lourenço, ou Gilberto? Como preferes que nós o chamemos?

– Podem me chamar de Gil, Daniel. Esse é meu último nome. Era assim que meus amigos mais íntimos me chamavam.

– Ok, então nós vamos esquecer o Lourenço e o Gilberto. A partir de agora todos nós vamos lhe chamar de Gil.

– Obrigado Daniel.

Gil continua em choro forte.

– Não chore meu rapaz – diz Daniel.

– Tenham paciência por favor, eu já vou me recompor.

Nina se levanta e se dirige a Gil, que, emocionadíssimo, quase não acredita que ela o perdoa naquele momento.

Nina então abraça o rapaz, que se põe de pé ao perceber que sua amada está caminhando em direção a ele.

Nina abraça Gil por alguns minutos, eles permanecem calados. Nina chora, todos se emocionam com a cena. O perdão está acima de tudo naquele momento. Daniel deixa correr uma lágrima em seu rosto. Rodrigo baixa a cabeça emocionado.

– Perdoe-me, Nina, por eu ter tirado a sua vida naquela encarnação.

– Eu nunca te julguei Gil, eu nunca quis o seu mal. Agora eu compreendo que o mal que você me fez, você o fez em um momento de desespero e fúria. Não se sinta culpado por nada. Não guardo nenhuma mágoa em meu coração.

Gil chora compulsivamente.

Felipe se levanta e abraça Nina e Gil. Todos estão emocionados.

– Calma rapaz – diz Felipe.

Matias se levanta e abraça seu filho da última encarnação.

Gil chora nos braços de Matias, enquanto Nina é consolada por Felipe, que a leva a sentar-se na cadeira onde ela estava.

– Acalmem-se todos – diz Daniel.

Secando as lágrimas e ainda abraçado a Matias, Gil se acalma e finalmente se senta.

– Podemos começar a nossa reunião?

– Sim Daniel – diz Gil.

– Primeiramente eu quero agradecer a presença de todos e convidá-los a uma prece.

– Como poderíamos esquecer-nos de agradecer a este encontro e a essa oportunidade, Daniel?

– Pois é Gil, nada pode ser feito sem a concordância da

superioridade e sem o agradecimento sincero pela oportunidade evolutiva.

– Rodrigo, por favor, faça a prece! – diz Daniel.

– Obrigado pela oportunidade, Daniel – diz o cigano ficando de pé e juntando as duas mãos a frente do peito.

Todos ficam de pé.

– Oremos meus irmãos – diz Rodrigo.

Senhor Jesus, primeiramente gostaríamos de lhe agradecer por essa oportunidade e dizer-lhe de nosso comprometimento com a evolução de todos os espíritos.

Neste dia estamos reunidos em teu nome e em sua glória para revelar ao nosso querido irmão Gil as suas conquistas através das batalhas por ele travadas no campo evolutivo de seu ser.

Hoje o nosso querido irmão alcançou mais um degrau. Ele se eleva acima de alguns outros que assim como ele recebem as suas oportunidades e as não compreenderam, desperdiçando assim a honra e glória de viver este momento.

Nós estamos aqui reunidos porque em alguns momentos dessa longa caminhada tivemos a oportunidade de lhe auxiliar. Somos testemunhas de seus sacrifícios pela perfeição.

Ainda faltam algumas etapas para que nós possamos alcançar a glória superior, mas estamos a caminho e isso nos engrandece perante os demais.

Agradecemos a Jesus por sermos os transmissores de suas palavras e seus ensinamentos, pois foi através deles que conseguimos chegar onde estamos.

Hoje, entregamos a esse querido irmão a chave da vitória conquistada com muita luta, sofrimento e dor.

Hoje agradecemos por ter entre nós o nosso querido irmão Gil.

Graças te damos a tua glória Jesus.

Saudamo-nos em teu amor.

Que assim seja!

– Linda prece Rodrigo – diz Daniel.

– Obrigado Daniel.

– Bom, meu querido amigo Gil. Nós estamos aqui como o próprio Rodrigo já lhe disse para lhe agradecer por nos ter permitido participar de sua evolução pessoal. Embora você não se lembre, todos os que estão aqui nesta sala em algum momento ou em algumas de suas encarnações participaram de momentos importantes que lhe permitiram chegar onde você está agora – diz Daniel.

– De alguns aqui eu lembro sim, Daniel – diz Gil.

– Pois bem, o meu papel aqui é mostrar-lhe os fatos e os motivos que o trouxeram até aqui. Vou começar pelo Cigano Rodrigo. Pode ser?

– Sim, claro. Obrigado Rodrigo por ter me ajudado – diz o rapaz emocionado.

– Você se lembra de alguma encarnação ao lado de Rodrigo*?

– Não, não me lembro!

– Pois vamos assistir – diz Daniel.

Na parede atrás de Daniel uma grande tela é plasmada e a sala escurece.

– Vamos assistir a como o Rodrigo lhe ajudou a evoluir – diz Daniel.

Campo de concentração de Auschwitz I.

– Nós já vimos isso, Daniel – diz Gil.

– Calma rapaz, não vou mais lhe mostrar as atrocidades que o fizeram sofrer por anos nas encarnações. Mas é importante que você veja e saiba quais foram os momentos mais importantes das suas experiências como encarnado – diz Daniel.

---

*A história do cigano Rodrigo você encontra no livro *Gitano – As Vidas do Cigano Rodrigo*.

– Perdoe-me Daniel, é que eu não queria mais ver o que vi lá.

– Você não vai ver, fique calmo e preste atenção – diz Rodrigo.

Gil e Matias, então médicos, faziam experiências com judeus, ciganos e evangélicos. Mas, em uma noite especial, um fato mudou totalmente o coração e as atitudes do jovem médico de nome Klaus, que hoje conhecemos como Gil.

Daniel começa a narrar os fatos.

– Naquela noite, você Gil, que se chamava Klaus, não estava conseguindo dormir, pois as imagens dos judeus e ciganos que você havia matado naquele dia não lhe saíam da cabeça. Você então resolveu caminhar em direção a um prostíbulo que havia fora do campo de concentração onde jovens desesperançadas buscavam atrair soldados alemães para livrarem-se da morte anunciada. Você caminhava lentamente fumando um cigarro. A noite era fria e chovia um pouco.

– Olhem a cena meus amigos – diz Daniel enquanto a cena aparece no telão.

Daniel narrava os fatos e esses apareciam no telão como um cinema, mas sem áudio.

Um barulho naquela noite lhe chamou a atenção. E o fez olhar para dentro de uma pequena mata que havia na beira daquela estrada.

Um rapaz chorava abraçado a uma jovem morta em seus braços.

Você pegou sua arma que carregava no coldre junto a sua cintura e se aproximou para olhar melhor o que estava acontecendo.

O rapaz de aproximadamente dezessete anos estava ajoelhado na chuva, e tinha em seu colo uma jovem de apenas dezesseis anos que você havia matado nas experiências daquele dia. O rapaz em questão é o cigano Rodrigo. Ele acabara de cavar uma cova e se preparava para enterrar a sua esposa.

Você se escondeu atrás dos arbustos e ficou ouvindo as lamúrias do jovem cigano.

Rodrigo dizia assim:

– Meu amor, sei que você não merecia o que te fizeram homens maus, pessoas que não tem Deus em seus corações. Eu lamento não ter podido lhe proteger. Mas confesso que hoje minha alma sofre e deixa para trás todas as esperanças. O amor que sinto por você é eterno, e só existe uma forma de externar tudo o que sinto neste momento. Vou orar a Deus para que o homem que fez isso a você não o faça a mais ninguém, pois eu não vou suportar ver outros homens como eu perderem a esperança e sofrerem a dor que sinto agora. Sei que vou te encontrar em breve, e tenho a certeza de que há um motivo em tudo o que nos acontece. Vou estar ao seu lado muito em breve, isso conforta o meu ser. Tahira, meu amor. Meu amor cigano será sempre seu. Deus tende piedade de quem me fez tanto mal.

Ao ouvir essa prece, você fez uma reflexão profunda, ajoelhou-se e chorou assistindo a dor daquele jovem rapaz, e ao voltar para os seus aposentos você usou a mesma arma que lhe dava proteção para cometer o suicídio. Foram as palavras daquele jovem cigano que colocaram fim a uma encarnação cruel como aquela que você experimentava.

– Obrigado Rodrigo – disse Gil chorando.

A cena volta ao Umbral.

– Agora olhe o que lhe aconteceu quando você chegou ao Umbral após tanta crueldade.

Gil chega ao Umbral e é atacado pelas vítimas que ele havia feito nos campos de concentração.

Muita dor e muito sofrimento esperavam pelo doutor Klaus.

Vários espíritos atacavam Gil, foi quando Nicodemos e Maria apareceram e o levaram para o Vale dos Suicidas.

Daniel prossegue:

– Nicodemos e Maria o levaram para o Vale dos Suicidas. Lá você pôde ficar por um tempo em paz, afinal todos os que se encontram no Vale dos Suicidas são espíritos iguais a você. Eles tiraram a própria vida e não se importam com nada. Ali você ficou até receber mais uma oportunidade. Você reencarnou na Etiópia. Lá você foi escravizado e passou muita fome. Você tinha sede de viver, mas a vida era muito difícil e você sofreu muito até o dia em que foi escravizado e levado para uma fazenda. Ali você usava de bruxarias e feitiçarias para ser liberto pelo homem branco, o que aconteceu após seu Dono morrer muito doente devido às bruxarias e feitiços que você fez. Lucas era seu patrão nesta encarnação. Ele era um bom homem, mas você o envenenou para ser liberto. Lucas nunca maltratou nenhum escravo, mas a inveja e o ódio que você sentia por ele o fez cometer o assassinato.

– Obrigado Nicodemos e Maria.

Daniel prossegue.

– Após assassinar Lucas, você fugiu e foi mordido por uma cobra venenosa quando se escondia em uma densa mata buscando sua liberdade.

– Obrigado Lucas.

– Ali, naquela época após o desencarne, você voltou a reencontrar-se com o Matias e voltaram novamente a viver no Umbral. Juntos vocês sempre foram fortes. E aqui vocês se aliaram a uma falange de Kiumbas e começaram a assaltar e praticar todo o tipo de maldades, aqui mesmo nas cidades ocultas do Umbral. Vocês começaram a fazer experiências com mortos vivos, que são espíritos que encontrados com muita facilidade na região norte do Umbral. Como vocês sabem, o Umbral é subdividido e muito extenso. Você e Matias sempre se deram muito bem por aqui. Eu gostaria de lembrá-los de uma outra encarnação de suma importância para esse encontro. Em uma de suas encarnações, vocês encarnaram na África, e ainda jovens foram capturados e traficados como escravos, vocês foram levados para o Brasil, mas precisamente para o Estado de Minas Gerais.

As imagens continuam aparecendo no telão.

Nina assiste a tudo calada e reconhece a fazenda em que ela morava com os seus pais.

– Foi nessa fazenda que você e Matias continuaram a fazer magia. E foi com uma fórmula venenosa que você matou Nina, quando soube que o pai dela havia lhe escolhido um noivo. Embora vocês nunca tivessem tido nenhum tipo de romance, você foi criado ao lado de Nina e sempre foi muito apaixonado por ela. Passaram-se os anos, e após a morte de José, que foi forçado a trabalhar nas lavouras de café, os pais de Nina descobrem que você a havia assassinado com a fórmula venenosa, e você então é condenado a morrer chicoteado no tronco no meio da senzala.

– Perdoe-me mais uma vez, Nina – diz Gil visivelmente arrependido.

A tela que havia aparecido atrás de Daniel desaparece. As luzes são acesas. Visivelmente abatido, Gil fica sentado de cabeça abaixada.

– Gil.

– Sim Daniel!

– Levante a cabeça rapaz, ninguém aqui tem algum sentimento contrário a você!

– Eu sei, Daniel, na verdade eu estou envergonhado.

– Todos nós cometemos erros até chegar aqui, meu amigo – diz Rodrigo.

– Somos endividados – diz Felipe.

– Não fique assim, você hoje está recebendo as graças de suas lutas – diz Lucas.

– Obrigado pelas palavras, amigos – diz o rapaz emocionado.

– E a doutora Sheila aqui presente não teve nenhuma experiência com ele, Daniel? – pergunta Nina.

– Sheila esteve ao lado dele em algumas encarnações. Ela sempre foi a médica amiga e conselheira. Você se lembra da doutora Sandra, Gil?

– Sim, eu me lembro da Sandra. Éramos muito amigos, desde a faculdade de medicina. Nós nunca nos separamos.

Sheila sorri olhando para o rapaz.

– Eu me lembro muito bem do dia em que a Sandra morreu. Foi o dia mais triste da minha vida.

– O que me aconteceu, Gil? – pergunta Sheila.

– Nós estávamos em um plantão daqueles, houve um acidente grave em nossa cidade, muitas pessoas estavam feridas, o hospital estava lotado, nós não estávamos mais dando conta do trabalho. Ficamos até tarde, até que tudo se acalmou. Exaustos, nós resolvemos lanchar em uma lanchonete que funcionava 24 horas. Eu me lembro que após o lanche e algumas gargalhadas, Sandra me deixou em casa, mas ela nunca chegou a casa dela. Um terrível acidente tirou a sua vida.

– Eu dormi ao volante naquela noite, Gil.

– Eu pensei ser este o motivo do acidente, nós estávamos muito cansados mesmo. Mas foram os conselhos de Sandra que me impediram de fazer muita bobagem na vida. Ela era a melhor amiga e conselheira que alguém pode ter.

Neste momento Gil se levanta e abraça carinhosamente a doutora Sheila.

– Obrigado por tudo Sandra.

– Sandra não, Sheila – diz Rodrigo.

– Perdoe-me Sheila.

Ambos sorriem.

– Você se lembra do Joel?

– Joel, Joel, não, não me lembro de nenhum Joel.

Daniel insiste.

– Pense bem Gil!

– Joel... Ah sim. O meu amigo de infância?

– Sim.

– Caramba, o Joel me livrou das drogas. Mas não foi nessa última encarnação, eu me lembro bem... nossa isso faz muito tempo... Eu posso me lembrar do centro espírita que frequentávamos.

– E quem você acha que é o Joel aqui nesta sala?

– Poxa Daniel, só sobrou você e o Felipe. Será que o Felipe era o Joel?

Felipe se levanta e abraça o amigo.

– Caramba Felipe, você era o Joel?

– Sim, eu naquela encarnação fui evangelizado por um centro espírita. Caramba...

– Eu me lembro. Eu achava super careta esse negócio de centro espírita, mas seus pais o obrigavam a frequentar as aulas de evangelização. Eu me lembro bem disso, Felipe – diz Gil emocionado e abraçando ao Felipe.

– É, mas foram os ensinamentos do centro espírita que me impediram de seguir os caminhos das drogas. E foram esses ensinamentos que me deram argumentos para tirar você deste caminho.

– É verdade. Se não fosse você eu acho que teria morrido muito cedo.

– Após eu conseguir tirar você das drogas, fui morar em outra cidade e nós nunca mais nos vimos.

– É verdade – diz Gil – Poxa gente, nem sei como posso agradecer a todos vocês por tudo isso. Na verdade, eu nem sei os motivos que fizeram vocês me ajudarem tanto assim. Eu até gostaria de saber disso Daniel, por que vocês me ajudaram tanto?

– Espíritos só evoluem quando ajudam espíritos, nada no universo foi criado inutilmente. Estamos ligados uns aos outros por sentimento e desejos. Estamos ligados uns aos outros pela eternidade meu amigo.

– E quais são esses sentimentos, Daniel?

– O amor é o único sentimento que nos une.

– E os desejos?

– Nós espíritos, quando nos compreendemos, quando nos conhecemos intimamente, verificamos que a única coisa que nos torna melhor são os nossos desejos. E é desejando que conquistamos aquilo de melhor para nós. Mas tem uma coisa que é sem dúvidas, o mais importante para todos os espíritos.

– O que é Daniel?

– O caráter. Enquanto os espíritos não adquirem caráter eles ficam perdidos nas encarnações. Só a mudança de atitude e de caráter eleva-nos.

– Nossa, como isso é verdade.

– Nós nos ligamos porque promovemos em nosso ser mais íntimo as mudanças necessárias a nossa evolução. Evolução é pessoal e intransferível – assegura o Cigano Rodrigo.

– Quer dizer que na medida em que vamos nos melhorando, vamos nos aliando a espíritos da mesma vibração para evoluirmos juntos? – pergunta Gil.

– Sim, é isso mesmo Gil.

– Foi isso o que aconteceu com o nosso amigo aqui presente, o Matias, que hoje trabalha como Guardião. Matias se utiliza de tudo o que aprendeu como médico para ajudar a humanidade a evoluir. Nós só ascenderemos a planos ainda mais superiores se ajudarmos uns aos outros. Matias aprendeu como ninguém a lidar com as energias do universo.

– E agora, o que será de mim, Daniel? – pergunta Gil.

– Como assim meu rapaz?

– Eu sei que eu ainda preciso aprender muitas coisas.

Sei e reconheço minha inferioridade frente a todos vocês. O que será de mim agora, Daniel?

– Agora que você já compreendeu a sua real condição, deixo a seu critério o próximo passo evolutivo.

– Posso escolher o que fazer daqui por diante?

– Todos nós podemos escolher o nosso caminhar, somos espíritos livres. Ele não criou nenhuma barreira e nenhuma regra para os seus filhos. Todos os espíritos são livres para evoluir ou, ainda, não evoluir.

– Como assim, Daniel?

– Gil, todos nós temos o livre-arbítrio e podemos evoluir agora ou depois. Uma coisa é certa: todos vão evoluir.

– Isso eu sei. Desde que cheguei aqui tenho trabalhado atendendo almas dilaceradas pela ganância humana. Tenho me esforçado a ajudar todos que chegam aqui como eu cheguei. Não estou bem certo do que eu devo fazer, Daniel.

– Ainda me falta te mostrar uma coisa. E ela será decisiva no seu próximo passo. Posso lhe mostrar?

– É claro que sim, Daniel.

– Vou pedir ao nosso querido amigo Ventania que traga o Arruda, que está lá fora desmaiado.

– Arruda, quem é esse tal de Arruda? – pergunta Gil.

– Quem é Arruda, Daniel? – pergunta Matias.

– É aquele funcionário que você mandou embora da sua empresa e que perseguiu Gilberto até o seu último dia de vida na Terra.

– Mas por que o Arruda fez isso? Ele era um homem tão bom! – diz Matias.

– Ele condenou você, Matias, pelo fracasso dele. Logo que você o dispensou do trabalho, ele se entregou a bebida até que desencarnou vítima da cirrose. Desde então, como ele não te achava, porque você é um guardião e ninguém acha um guardião com facilidade, ele passou a perseguir o seu filho Gilberto até que conseguiu através da obsessão levá-lo para as drogas. O resto vocês já conhecem.

– Mas por que eu não fui avisado disso, Daniel? – pergunta Matias.

– Tenha calma, os fatos serão revelados agora – diz o Iluminado.

Ventania volta à sala trazendo Arruda.

– Aí está você, seu desgraçado – diz Arruda acordando e olhando para Matias.

– Arruda, você ficou louco? Como você faz isso com um menino inocente, rapaz? Por que você fez isso com ele? Por que você maltratou tanto o meu filho?

– Eu matei o seu filho mesmo. Eu o levei para as drogas até que eu consegui matá-lo, seu desgraçado.

– Senhores, sentem-se, por favor? – pede Daniel.

Todos se sentam seguindo a orientação de Daniel.

– Faltou ser revelado o ódio de Arruda para com vocês dois.

Usando de Magnetismo, Daniel faz com que Arruda fique em silêncio e assista a tudo calado.

– Ué, nós temos alguma coisa para ser acertada com o Arruda?

– Sim Matias – diz Daniel.

– O que é então, Daniel? – pergunta Gil.

– Vocês se lembram do noivo que vocês deixaram esperando pela Nina no altar?

– Não acredito!

– Sim. Arruda é o noivo abandonado pela morte da Nina. Ele havia pago o dote ao pai de Nina, que não pôde devolver a ele a fortuna paga por Nina. Desde então, Arruda persegue vocês. E, além disso, Arruda foi o médico que compunha sua equipe de médicos em Auschwitz. Ele era o terceiro médico que junto a vocês fazia as experiências com pessoas ainda vivas. O casamento com Nina ia os aproximar para o resgate necessário.

– Meu Deus – diz Gil.

– E agora?

– Agora Arruda vai lhes perdoar, não é Arruda? – diz Daniel.

– Você é a Nina, a Sinhá minha noiva? – diz Arruda olhando fixamente para Nina.

– Nunca fui sua noiva, senhor Arruda. O meu pai me prometeu a você, mas eu sequer o conheci naquela encarnação – diz Nina, surpresa com tudo.

– Isso não importa. O que importa é que eu nunca mais consegui juntar aquele dinheiro que dei pelo seu dote.

– Arruda, isso não tem valor aqui.

– É eu até já percebi que aqui isso não vale nada. Mas o Matias me mandou embora e eu fiquei na miséria.

– Você ficou na miséria porque quis, eu nunca tive obrigação de te sustentar – diz Matias.

– Senhores, senhores – diz Daniel acalmando os nervos.

O silêncio toma conta do lugar.

– Arruda, estou disposto a te dar uma chance para você esquecer tudo isso e se recuperar, você quer essa chance? – diz Daniel.

– Eu posso pensar?

– Claro que sim, todos nós somos livres.

– Então eu vou lá para fora pensar, com licença – diz Arruda se levantando e saindo da sala.

– Esse cara é louco – diz Matias.

– Não se preocupem com ele. Ele vai ficar rodando por aí e depois vai pedir a ajuda de vocês – diz Daniel.

– Ainda bem – diz Gil.

– Bem senhores, a nossa reunião está chegando ao fim. Eu ainda tenho alguns comunicados a fazer – diz Daniel se levantando.

– A nossa caravana vai partir de volta para a Colônia Amor e Caridade. Alexandre e Isabel são meus convidados para passarem um período conosco em Amor e Caridade. Quero pedir ao Dr. Gil que assuma este posto de socorro e seja de hoje em diante o responsável pelo funcionamento desta unidade. Quero pedir também ao Matias, meu querido amigo, que permaneça cuidando da segurança espiritual deste hospital. E cuide bem de seu protegido Gilberto. Peço ainda ao Nicodemos e a Maria que levem o Arruda para a Colônia do Moscoso, pois seus familiares estão a esperá-lo por lá. Acredito que com o reencontro de seus familiares, Arruda poderá ser ajudado a ascender em sua evolução pessoal e esquecerá definitivamente da vingança que corroeu o seu coração durante todos esses anos. Quanto a Nina, Rodrigo e os demais, muito obrigado por tudo. Marques, não se esqueça de anotar minhas decisões no dia de hoje. Alguém quer falar alguma coisa?

– Quero lhe agradecer a confiança à mim depositada, Daniel. E posso lhe assegurar que vou dar o melhor de mim para o bom funcionamento desta unidade de atendimento aqui no Umbral – diz Gilberto.

– Senhores, meu muito obrigado por tudo – diz Matias.

– Espero que você, a partir de agora, exerça a medicina que aprendestes com Deus em seu coração Gilberto – diz Alexandre.

– Eu serei, se Ele assim me permitir, *o médico de Deus*! – diz Gilberto emocionado.

Nina pede a palavra.

– Meus amigos, antes de voltarmos a nossas tarefas evolutivas, eu gostaria de dizer a todos que nada é por acaso, esse encontro de hoje serve para todos nós como mais um ensinamento, nos mostra que Deus está sempre entre nós. Quero pedir a todos que orem pelo Arruda para que ele transforme todo o ódio do seu coração em perdão, e siga evoluindo como todos nós estamos fazendo aqui. Quero agradecer ao Gilberto pela oportunidade que tive a seu lado, e espero sinceramente que você exerça com humildade, carinho e amor a oportunidade que ora lhe é ofertada, espero também Gilberto, que você seja aqui, nesse posto de socorro o médico que todos nós precisamos. Que você seja o verdadeiro Médico de Deus.

À todos, o meu muito obrigado – diz Nina emocionada.

Todos voltam a rotina de trabalho, luz e amor na Colônia Espiritual Amor e Caridade.

Fim

"Onde houver amor, há a esperança de dias melhores."

Osmar Barbosa

Outros títulos lançados por Osmar Barbosa

Conheça outros livros psicografados por Osmar Barbosa. Procure nas melhores livrarias do ramo ou pelos sites de vendas na internet.

Acesse

www.bookespirita.com

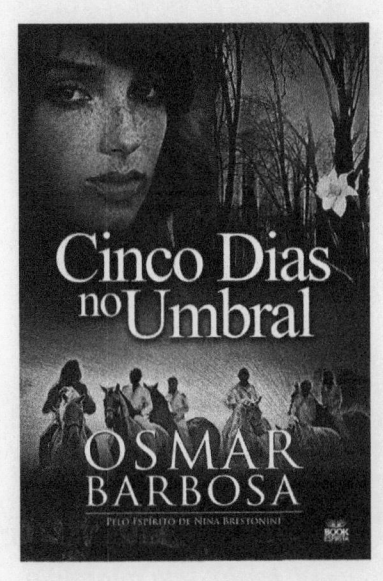

Aos 24 anos de idade, uma linda jovem desencarna por causa de uma doença no coração. Exausta e muito assustada, ela acorda no plano espiritual, em uma das enfermarias da Colônia Amor & Caridade. Quando ainda se recuperava desta intensa viagem de passagem, que todos nós faremos um dia, Nina recebe o convite que transformaria toda sua trajetória espiritual: se juntar a uma caravana de luz em uma missão de resgate no Umbral. Quem será que eles tinham que resgatar? Por quê? E que perigos e imprevistos encontrariam pelo caminho? Por que nem sempre compreendemos as decisões das esferas superiores? Você encontrará as respostas para estas e muitas outras perguntas no livro Cinco Dias no Umbral.

Uma história que nos completa e nos faz compreender a misericórdia divina em sua amplitude. Esta obra psicografada retrata a trajetória de um índio que, como espírito, também tem a oportunidade evolutiva. Ou índios, negros africanos, escravos etc., não são espíritos que merecem, como todos nós, filhos da criação, uma oportunidade? Esta obra é a prova viva de que Deus ama sua criação e proporciona a ela oportunidades evolutivas constantes. Como são recebidos esses espíritos na erraticidade? Existem colônias específicas para estes espíritos? Como são as colônias espirituais? Será possível eles auxiliarem na obra divina? E o amor, será que eles não amam? Quais as oportunidades? Onde estão seus familiares? Como estes espíritos podem evoluir? Para que servem essas experiências?

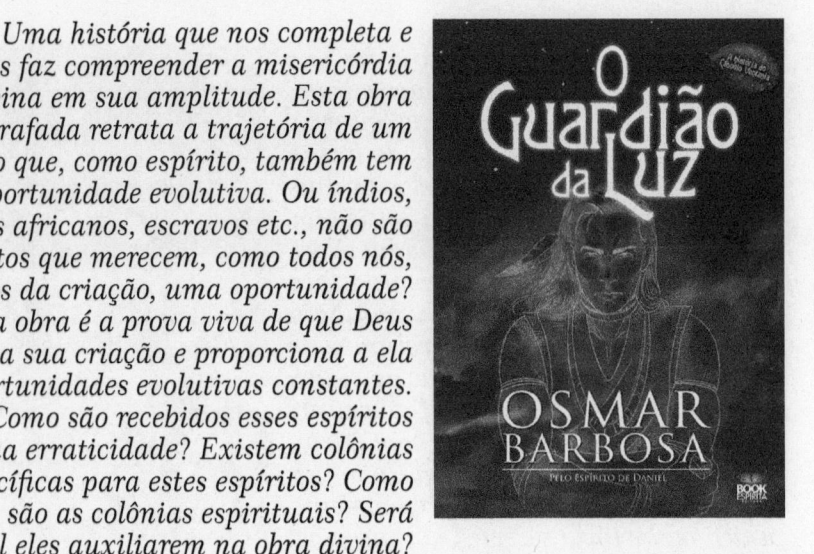

A prece é uma invocação: por ela nos colocamos em relação mental com o ser ao qual nos dirigimos. Ela pode ter por objeto um pedido, um agradecimento ou um louvor. Podemos orar por nós mesmos ou pelos outros, pelos vivos ou pelos mortos. As preces dirigidas a Deus são ouvidas pelos espíritos encarregados da execução dos seus desígnios; as que são dirigidas aos bons espíritos vão também para Deus.

Quando oramos para outros seres, e não para Deus, aqueles nos servem apenas de intermediários, de intercessores, porque nada pode ser feito sem a vontade de Deus.

O Espiritismo nos faz compreender a ação da prece ao explicar a forma de transmissão do pensamento, seja quando o ser a quem oramos atende ao nosso apelo, seja quando o nosso pensamento eleva-se a ele.

Posso garantir, sem medo de errar, que ao percorrer as páginas deste livro, você, meu querido amigo leitor, se sentirá caminhando ao lado do irmão Daniel e do menino Lucas pelos jardins e passaredos belamente arborizados da Colônia Amor & Caridade. Você presenciará conosco este momento único em que o sábio e o aprendiz caminham lado a lado em uma incrível troca de conhecimentos e experiências de vidas, onde é profundamente difícil definir quem está aprendendo mais com quem. Decerto, podemos afirmar que o maior beneficiado de todo este momento único na história seremos nós mesmos, meros seres encarnados, que estamos sendo merecedores de receber todo este conhecimento especial, fruto deste encontro, pelo conteúdo psicografado contido neste livro.

Diz-se que, mesmo antes de um rio cair no oceano ele treme de medo. Olha para trás, para toda a jornada, os cumes, as montanhas, o longo caminho sinuoso através das florestas, através dos povoados, e vê à sua frente um oceano tão vasto que entrar nele nada mais é do que desaparecer para sempre. Mas não há outra maneira. O rio não pode voltar. Ninguém pode voltar. Voltar é impossível na existência. Você pode apenas ir em frente. O rio precisa se arriscar e entrar no oceano. E somente quando ele entra no oceano é que o medo desaparece. Porque apenas então o rio saberá que não se trata de desaparecer no oceano, mas tornar-se oceano. Por um lado é desaparecimento e por outro lado é renascimento. Assim somos nós. Só podemos ir em frente e arriscar.

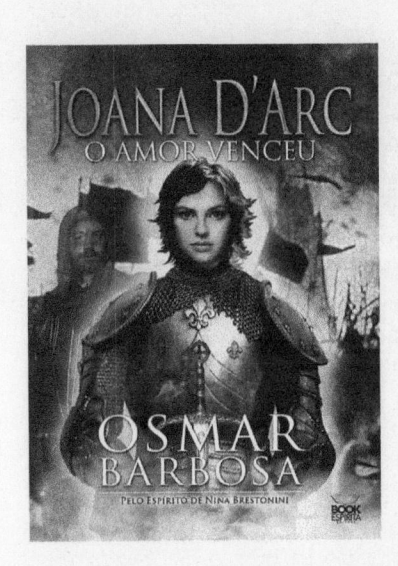

Segundo Humberto de Campos, pelo médium Chico Xavier, a última reencarnação de Judas Iscariotes na Terra foi da conhecida heroína francesa Joana D'Arc, queimada nas fogueiras inquisitoriais do século XV, conforme mensagem apresentada no livro Crônicas de Além-Túmulo.

Fiquei perplexo ao receber essa psicografia. Logo me preocupei em não discordar dos amados Chico Xavier e Humberto de Campos. Até procurei uma explicação questionando Nina Brestonini, o espírito que me passou este livro.

Conheça essa incrível história de amor e superação. Não perca a oportunidade de conhecer mais um pouco dessa jovem menina querida e destemida, chamada Jeanne D'Arc.

Aquilo que está vivo é uma possibilidade. Somente a morte coloca o ponto-final em algumas relações. Naquelas que mais importam, eu diria. Naquelas que nos inquietam e das quais nos cabe cuidar. Ao contrário das coisas materiais, é impossível resolver relações vivas. Elas podem ser cultivadas, saboreadas, vividas, mas não resolvidas. Elas prosseguem. Nunca haverá a conversa definitiva com aqueles que a gente ama. Talvez haja a última, mas isso não se sabe. Este livro traz a história de Ernani, um estudante de medicina que após ser baleado durante um assalto fica paraplégico.

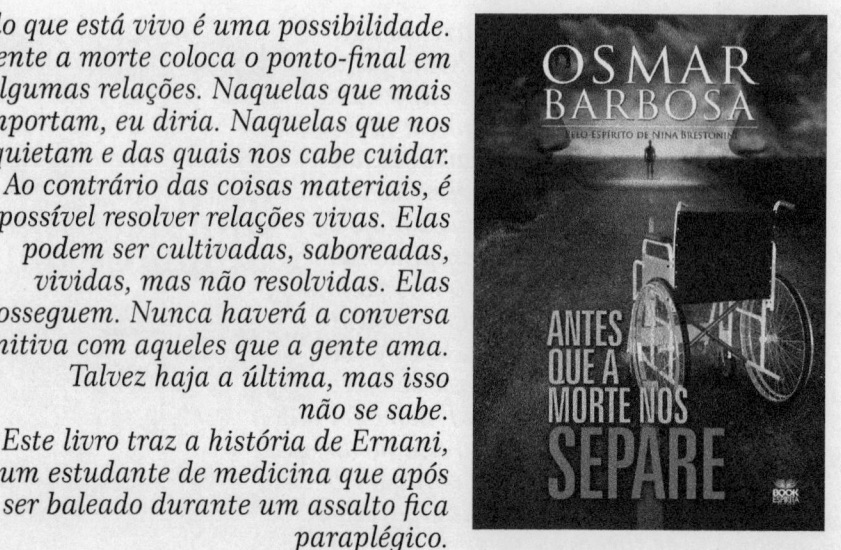

Se você está pensando em se suicidar, deve procurar saber o que acontece com um suicida logo após a morte, correto? Eu não tenho boas notícias para você. O suicida é, sem dúvida nenhuma, o ser que mais sofre após a morte. Primeiro, você precisa saber que nada se perde neste universo. Ao morrer seu corpo volta para a Terra, e sua mente, sua consciência, seu EU, que chamamos de espírito, não desaparece. Ele continua vivo. O que dá vida a seu corpo é justamente a existência de um espírito que anima a matéria. Então tentar se matar achando que você será apagado do universo para sempre é uma tolice. O seu corpo realmente vai desaparecer na Terra, mas você continuará existindo.

Nós já sabemos que algo está acontecendo em nosso planeta, temos a consciência de que é chegada a hora da transformação planetária tão necessária ao equilíbrio evolutivo da humanidade. Jesus nos alertou por meio da parábola do joio e do trigo, que é chegada a hora desta tão sonhada transformação. Nosso planeta está mudando. Sabemos que muitos de nossos irmãos não terão mais a oportunidade de encarnar entre nós. Eu convido você, por meio desta obra, a tomar conhecimento de como será o exílio daqueles espíritos que após receberem diversas oportunidades não se alinharam ao amor divino. Saiba como você pode se livrar de ser exilado deste orbe.

Ao longo da história já ocorreram incontáveis situações de desencarne coletivo. Ações da natureza levaram incontáveis pessoas ao desencarne. Na história recente temos presenciado situações de desencarne por outras razões, como naufrágios, acidentes aéreos, incêndios, desabamentos, ocupações de áreas de risco, terremotos, tsunamis, e outras.

É característico do ser pensante refletir sobre sua vida e sua interrupção. E por isso temos nos perguntado sempre: por que ocorrem estas situações? Por que muitas pessoas desencarnam ao mesmo tempo? Para onde vão estes espíritos? Como tudo é organizado nestas grandes catástrofes? E as crianças? Como ficam nesta hora? Podemos reencontrar nossos familiares que já desencarnaram? Por que tantas vidas são ceifadas ao mesmo tempo?

Somos livres. A cada instante, escolhemos pensamentos, decidimos caminhos, revelando o volume das nossas conquistas e das derrotas. Distraídos, alimentamos fantasias, acariciamos ilusões e brigamos por elas, acreditando que representam a nossa felicidade plena. A visita da verdade, oportuna, nos faz reciclar valores, modificar ideias, aprender lições novas, caminhar para frente, conquistando nossa tão sonhada evolução espiritual. Sempre nas mãos do amor divino, onde tudo nos é permitido. De onde vêm os Exus? Por que são chamados assim? Quais os desafios que encontraremos após deixarmos a vida física? Por que Exu é tão discriminado? O amor, será que o levamos para a eternidade?

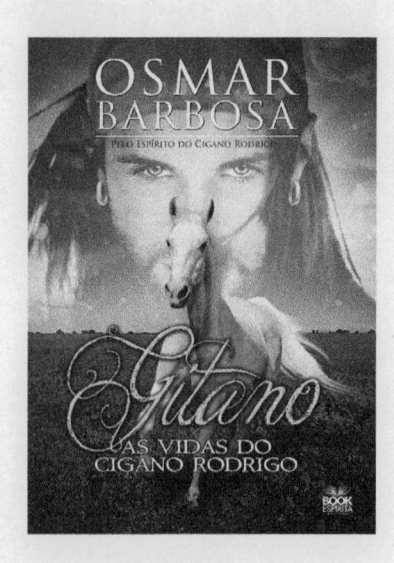

Após perder seu pai e seus melhores amigos ciganos em um massacre cruel, Rodrigo segue em uma jornada desafiadora orientado pelo seu mentor espiritual. Ele viaja para a Capadócia e Alexandria, onde encontros inesperados e perdas irreparáveis o esperam. Que caminhos deve seguir este cigano? Quais os desafios? As perdas? Será que ele conseguirá cumprir a missão determinada por seu mentor espiritual? E o amor? Quem será a cigana que o espera? Será seu destino? Você encontrará as respostas para estas e muitas outras perguntas no livro Gitano – As Vidas do Cigano Rodrigo.

Parei para pesquisar o significado de família... Família é um grupo de pessoas, que dividem o mesmo gosto pela vida. Que dividem o mesmo sentimento. Que não importa não dividir o mesmo sangue. Apenas por dividir os mesmos sentimentos... Como tudo isso acontece? Como escolhi meus pais? Meus amigos? Será que eu pude escolher os meus pais? Como os encontros são arquitetados pela espiritualidade? Por que nasci nesta família? Por que meu pai é meu pai e minha mãe é minha mãe? Por que tanta dificuldade em viver com meus familiares? Por que os casamentos se frustram? Será que sou diferente? Será que é uma bênção? Ou será um castigo? Saiba como tudo isso é organizado antes de nossa vida atual.

Todos nós já estamos cansados de saber que o suicídio é um caminho sem volta. Que a alma que comete o suicídio sofre muito e que essa atitude só atrasa a evolução pessoal de cada um. Como reagir à perda de um ser tão importante para nossa vida? Como reagir à morte de um filho, na tenra idade? Será que o Criador está castigando a criatura? Por que morrem nossos filhos? Por que morrem as pessoas que mais amamos de forma tão trágica e dolorosa? Será que Deus pode nos livrar de um suicídio? Neste livro você encontrará respostas para essas e tantas outras questões que envolvem a maternidade e a convivência familiar. E para brindar nossos leitores, no final desta linda história psicografada, você recebe algumas cartinhas de crianças que desencarnaram e se encontram na Colônia Espiritual Amor e Caridade.

Somos o resultado de nossas escolhas e de nossa coragem, de nossas experiências e aprendizados. Aqueles que têm pouca fé se transformam em alvo fácil dos que buscam escurecer a luz da verdade. Mas aqueles que creem com fervor, esses são assistidos diretamente pelos espíritos mais puros dos universos de luz, por anjos guardiões enviados diretamente por Deus.

Neste livro você vai conhecer o Fernando, que sofre desde menino por ser homoxessual. Sua irmã Raquel tenta a todo custo auxiliá-lo a enfrentar o preconceito, as diferenças e acima de tudo a dificuldade familiar. A escola? A rua? As festas? Por que meninas estão beijando meninas e meninos estão beijando meninos? Como lidar com essas diferenças? Como é ter em casa dois filhos homossexuais?

Existe vida após a morte? Qual é o motivo da vida? De onde viemos? Para onde vamos? Quem sou eu? Por que nasci nesta família, neste continente, neste país? Por que o meu pai é o meu pai, e a minha mãe é a minha mãe? Meus irmãos, quem são? E minha família? Por que eu estou aqui? Por que neste corpo, nesta pele, falando este idioma? Tudo termina com a morte? Deus existe? Ao acompanharmos a trajetória de Nicolas, iremos compreender muitas coisas. Vários porquês serão respondidos neste livro. O mais importante para mim, como escritor que psicografou esta obra, é chamar a atenção de todos os leitores para a necessidade de trazer para dentro de nossa alma a compreensão de que somos ainda aprendizes dessa nova era.

Algumas vezes ficamos sem entender muito bem as coisas que nos acontecem. Ficamos desolados e tristes com as dores que vivenciamos, e na maioria das vezes estamos de pés e mãos atados, vivenciando dramas sem que nada possamos fazer.
De onde viemos? Para onde vamos? Qual o objetivo de Deus quando nos impõe provas tão duras? Será que é Deus quem determina o sofrimento? Você é meu convidado a experimentar e descobrir como tudo isso acontece e como os bons espíritos podem nos ajudar revelando para nós, O Lado Oculto da Vida.

Às vezes, encontramos muitas dificuldades em compreender nossos sentimentos. Apaixonamo-nos por pessoas que saem de nossa vida sem nos dar sequer uma última chance, sem ao menos dizer adeus, e a dor que fica, levamos pelo resto de nossa caminhada terrena.
O amor sincero, o amor verdadeiro, a paixão que assola nosso ser, que estremece nosso corpo e atinge nossa alma, que traz secura em nossos lábios. Isso é a dor da alma ferida. As separações e as perdas fazem parte da vida, mas compreender isso quase sempre é impossível. E conviver com essa dor é para poucos. Nas linhas deste livro você vai encontrar respostas para alguns questionamentos que fazemos todos os dias. O amor de Mel e Rabi atravessa linhas inimagináveis. Como se processam os reencontros na vida terrena? Estamos predestinados a viver ao lado de alguma pessoa? Na reencarnação podemos escolher nosso par?

Ser médium é a coisa mais divina que nos pode acontecer. Quando você compreende e se preocupa em como vai usar esse privilégio, tudo a seu lado se torna divino. "Não dá para brincar de espiritismo, não dá para brincar de ser médium."

Embora ser médium seja um grande desafio, pois muitas vezes nos falta a orientação correta, como posso exercer minha mediunidade com segurança? Como não piorar minha situação no mundo espiritual, pois sabemos que todo médium é um grande devedor? Qual o caminho? Como acreditar em todas as experiências que acontecem comigo? Serão todas elas verdadeiras? Por que eu sou médium? De onde vem à mediunidade? Qual é a hora certa para me desenvolver?...

Como funcionam as Colônias? Quais os objetivos do Criador quando criou os mundos transitórios? O que os espíritos fazem no dia a dia das Colônias? Quem são os espíritos que merecem viver lá? Será que eu poderei ficar em uma Colônia? Quais os méritos que eu preciso ter para viver e trabalhar em uma Colônia Espiritual? Onde são essas cidades? Quem as dirige? Meus familiares estão lá? O que eu preciso fazer para conquistar meu espaço no mundo espiritual? Quais as mudanças que eu preciso fazer para viver feliz no mundo espiritual?

Você encontrará as respostas para seus questionamentos nas páginas deste livro. Sejam bem-vindos à Colônia Espiritual Amor e Caridade – Dias de Luz.

Os animais são nossos "irmãos mais jovens!" e, embora estejam se organizando futuramente eles alcançaram um estágio tão elevado quanto o nosso. "Evoluir é o destino de todos os espíritos".
Mesmo diante de tantas contradições com os ensinos dos Espíritos superiores. Jamais se afirmou que os cães e os animais não tem alma. Tem-se um princípio inteligente, tem algo mais que matéria, e isso é Espírito. Deus não deixa de criar, Ele é o criador de todas as coisas e cria a todo momento.

O suicídio bate à porta de milhares de famílias todos os dias. A falta da reunião familiar, do momento de debate e culto no lar, é sem sombras de dúvidas um dos motivos aos quais nossos jovens estão deixando a vida tão cedo.
A família é onde nos reencontramos para os ajustes espirituais. Filhos, irmãos, avós, tios, pais e demais familiares, são espíritos que decidiram experimentar conosco está encarnação, e através dessas experiências, evoluímos juntos.
Lar com Jesus e o evangelho, é um lar de compreensão, de ternura e de amor. Neste livro, Daniel nos convida a uma reflexão profunda sobre os ensinamentos de Jesus e de seus apóstolos.
Bem-vindos ao livro, Vinde à Mim – O Evangelho no Lar.

É triste para nós tudo o que está acontecendo. É triste para nós não sermos ouvidos – diz Lucas. Vocês elitizaram o espiritismo. Vários são os médiuns que são intuídos a abrirem um centro espírita para auxiliar espíritos sofredores, para passar ensinamentos da vida após a vida, e o que vemos? Vemos casas espíritas disso, centro espírita daquilo, reunião espírita disso, encontro espírita daquilo, casas espíritas onde os mais humildes não podem entrar, onde os espíritos são escolhidos para trabalhar, como assim? És conhecedor da vida após a vida? Ou achas que as obras que lhe foram apresentadas até os dias de hoje, são suficientes para compreenderes a vida após o desencarne?

Esta obra foi composta na fonte Century751 No2 BT, corpo 13.
Rio de Janeiro, Brasil.